基于基因理论的家族
企业代际传承研究

王 奇 著

中国财经出版传媒集团

经济科学出版社
Economic Science Press

图书在版编目（CIP）数据

基于基因理论的家族企业代际传承研究/王奇著.
—北京：经济科学出版社，2020.7
ISBN 978 - 7 -5218 -1706 -5

Ⅰ.①基… Ⅱ.①王… Ⅲ.①家族 - 私营企业 - 企业
管理 - 研究 - 中国 Ⅳ.①F279.245

中国版本图书馆 CIP 数据核字（2020）第 123769 号

责任编辑：张立莉
责任校对：郑淑艳
责任印制：王世伟

基于基因理论的家族企业代际传承研究

王 奇 著

经济科学出版社出版、发行 新华书店经销
社址：北京市海淀区阜成路甲 28 号 邮编：100142
总编部电话：010 - 88191217 发行部电话：010 - 88191522
网址：www. esp. com. cn
电子邮箱：esp@ esp. com. cn
天猫网店：经济科学出版社旗舰店
网址：http://jjkxcbs. tmall. com
北京季蜂印刷有限公司印装
710 ×1000 16 开 14. 25 印张 280000 字
2020 年 10 月第 1 版 2020 年 10 月第 1 次印刷
ISBN 978 - 7 -5218 -1706 -5 定价：96. 00 元
（图书出现印装问题，本社负责调换。电话：010 - 88191510）
（版权所有 侵权必究 打击盗版 举报热线：010 - 88191661
QQ：2242791300 营销中心电话：010 - 88191537
电子邮箱：dbts@ esp. com. cn）

前　言

当前，中国家族企业不仅面临着企业转型、创新等挑战，同时还面临着代际传承的挑战。本书在前人研究的基础上，引入基因理论，揭示家族企业代际传承的基因要素，探索家族企业代际传承的机理及相关管理问题。

本书的主要内容包括以下几个方面。

第一，基于基因理论的家族企业代际传承分析框架。从基因视角界定家族企业和家族企业基因；基于本体论的分析，认为家族企业代际传承的本质是家族企业基因在代际之间的遗传和变异过程，并构建一个家族企业基因识别—遗传—变异的分析框架。

第二，家族企业基因模型构建及实证分析。选择九个典型性的百年家族企业案例，通过扎根理论方法，提炼出家族企业基因要素，包括家族控制、家族同心、家族使命感、能者接班、企业家精神、人力资本、社会资本、权力安排、危机处理和竞争战略十个范畴，构建了家族企业基因模型并进行了实证分析。

第三，家族企业基因传承机理及实证分析。家族企业基因传承机理由遗传机理和变异机理两部分构成。认为家族企业基因的遗传机理由复制机理和表达机理构成，家族企业基因通过言传身教和吸收模仿完成复制，家族企业基因通过转录为企业文化，企业文化通过翻译为企业软实力完成表达，并构建了数理模型进行实证分析。同时，指出家族企业基因通过重组—企业文化创新—企业软实力提升完成变异过程，并构建了数理模型进行实证分析。

第四，基于基因理论的家族企业代际传承管理对策。分别就家族企业基因要素、基因复制、基因表达、基因重组，提出相应的管理对策。认为基因

1

要素的管理关键在于基因要素的培养和优化；基因复制的管理关键在于以角色作为载体，采取不同的复制方式进行有次序的复制；基因表达的管理关键在于文化的领导、表征和认同，软实力的合成和传播；基因重组的管理关键在于战略定位、创造重组条件和建立激励机制。

第五，案例分析。以盛日集团作为案例，分析家族企业基因要素及代际传承机理。

本书立足中国家族企业代际传承的实际需要，从系统思维出发构建家族企业基因模型，揭示家族企业基因代际传承的机理，创新了家族企业代际传承的研究视角，丰富了家族企业代际传承理论，对家族企业代际传承具有指导意义。

目 录 CONTENTS

第 1 章

绪 论

1.1 研究背景

家族企业作为一种组织形态，在世界各国经济和社会发展中发挥着举足轻重的作用。然而，几乎所有国家的家族企业在发展过程中都面临接班难题。据美国学者的估计，能够成功延续至第二代的家族企业只有 30%，能够成功传到第三代的家族企业仅有 10% ~ 15%。[1] 在国内，现代意义上的家族企业诞生于 20 世纪 80 年代，然而，经过近 40 年的发展，首批家族企业已近交接之龄。美国《福布斯》杂志中文版 2010 年发布的《中国现代家族企业调查报告》显示，超过六成的第一代企业家年龄在 50 ~ 70 岁之间。中国民营经济研究会家族企业委员会 2015 年发布的《中国家族企业传承报告》显示，只有 10% 左右的家族企业在过去 5 年内完成了企业主的更替。与此同时，中国经济正处于转型的关键时期，家族企业大多从事制造业，不得不面临如何转型的问题。快速发展的互联网经济导致产品不断更新迭代，迫使家族企业必须不断创新才能实现可持续发展。因此，当前的中国家族企业不得不面临代际传承、企业转型和创新等三重考验。现有的家族企业代际传承研究试图从代际传承的内容要素、传承计划、继任者培养等方面给出理论指导。但是家族企业代际传承理论研究中有两个问题没有解决：一是代际传承应该传承什么？这是代际传承的首要问题和关键问题，如果代际传承的内容要素无法理清，"如何传承"就成为无本之木，代际传承的纵向深度研究难以开展，理论指导实践的作用也会削弱。二是家族企业代际传承与创新的关联性问题。学者普遍认为家族企业代际传承是家族企业可持续发展的关键阶段。但是从系统演化视角看，家族企业是一个动态演化的系统，家族企业的每一次代际传承将原有的系统状态打破，并引发系统新状态的形成。代际传承预示着一代企业家的落幕和新一代企业家的兴起，具有鲜明的新旧更替特点，使之成为创新的特殊时间框架。因为获得控制权的新一代不仅可以决定家族企业的组织形式，还可以调整市场导向来影响创新活动。

本书尝试回归家族企业代际传承的本源，从家族企业发展的本质要素出发重新思考代际传承问题。引入生物基因理论，用基因视角重新诠释家族企业代际传承活动，探索家族企业代际传承与创新路径，为家族企业代际传承理论和实践提供新启示。

1.2　国内外相关研究述评

20 世纪 50 年代，有关家族企业的文献零星出现在欧美发达国家学术期刊中。80 年代后，家族企业相关问题研究逐渐引起重视。自此以后，家族企业代际传承问题一直是欧美发达国家家族企业研究领域的中心议题。90 年代，国内学者开始关注家族企业代际传承问题。2000 年后，家族企业代际传承问题的学术关注度不断提高，并成为国内家族企业研究领域的主要课题之一。

1.2.1　国外相关研究述评

1.2.1.1　家族企业代际传承研究述评

1. 研究现状。贝克哈德和伯克（Beckhard and Burke，1983）提出了家族企业传承的内涵，他们认为，领导权从创始人兼所有者到继承人（家族成员或非家族职业经理人）的传递，并以继任者和在任者之间有无血缘、姻缘关系将代际传承分为内部传承和外部传承两种。[2]贝克哈德和戴尔

（Beckhard and Dyer，1983）认为，往往是企业创始人决定继承人选、传承过程的启动以及传承过程的实施等。[3] 戴尔（Dyer，1986）认为，成功传承需要考虑家族因素，家族必须拥有公平、共享的共同观点和一致认同的"高级目标"，这样才能增强全体家族成员的凝聚力。[4] 兰斯伯格（Lansberg，1988）认为，家族理事会能够在处理家族成员关系中发挥重要作用。[5] 戴维斯和塔吉乌里（Davis and Tagiuri，1989）认为，企业高管和创始人在很大程度上决定了传承过程。[6] 海德尔（Handler，1989）认为，家族成员对继承过程的满意度和继承过程的效能是家族企业代际传承成功的两个维度。[7]

海德尔（1992）认为，传承过程能否顺利受到家族企业中的机会与继承人的个性、生命周期阶段、职业需求匹配程度的影响。[8] 西莫（Seymour，1993）认为，在长子继承制根深蒂固的文化背景下，只有关注子嗣的培养才能实现有效传承。[9] 戈德伯格和伍尔德里奇（Goldberg and Wooldridge，1993）认为，培养继任者领导才能的关键是在任者要善于授权，让继任者拥有自行决策的权力。[10] 巴拉赫和加尼茨基（Baraeh and Ganitsky，1995）认为，继承人可以通过成功的职位晋升来建立关系和信任，并且拥有的外部工作经历越丰富，成功传承的可能性越大。[11] 费尔格勒等（Fiegner，et al.，1996）认为，拥有从基层晋升工作经历的继任者能对传承后的绩效产生积极的影响，此外，还提出家族和睦有助于共同愿景的实现。[12] 莫里斯等（Morris，et al.，1997）通过实证研究发现，继承人的受教育水平对传承后的企业绩效产生积极的影响；家族成员关系的融洽程度对传承过程平稳性产生显著影响。[13] 德罗兹多（Drozdow，1998）提出，从多维度来理解家族企业代际传承，代际传承意味着核心要素的取舍，是一个或几个本质的、独特的核心要素的保存，同时也意味着一些要素的牺牲。[14] 克里斯曼等（Chrisman，et al.，1998）发现，有接班意愿且对企业高度忠诚的继承人对成功传承至关重要。[15] 斯塔夫鲁（Stavrou，1999）研究发现，国别对学生的接班意愿具有显著影响。[16]

比约格伦和萨恩德（Bjuggren and Sund，2001）认为，家族企业领导人应该拥有控制企业传承决策和过程的权力与合法性，因为他们对企业投入了重要的财务资本、情感资本和大半生的精力。[17] 施泰尔（Steier，2001）认为，家族企业领导人拥有的异质性或默许性认知和社会网络关系能否成功进行代际转移对下一代的绩效产生重要影响；家族理事会不仅能够帮助筛选符合条件的继承人，同时还可以通过协商解决家族内部的其他问题。[18]卡布雷拉·苏亚雷斯等（Cabrera-Suárez，et al.，2001）认为，继任者需要尽早接触企业，熟悉企业的文化、价值观及其员工，在此基础上尽可能地培养企业所需的各项能力。[19]霍沃斯和阿里（Howorth and Ali，2001）通过案例研究，构建了一个理论分析框架，用于分析文化因素对家族企业代际传承的影响。[20]莎玛等（Sharma，et al.，2001）提出，从初始满意度和回顾满意度两个方面衡量家族成员对传承过程的满意度。[21]夏尔玛等（Sherma，et al.，2003）研究证实有接班意愿且对企业有高忠诚度的继承人对家族企业成功传承产生重要影响。[22]莎玛（Sharma，2004）的研究证实家族企业领导人默许性认知的代际转移的效力对下一代的绩效产生重要的影响。[23]布雷顿·米勒和施泰尔（Breton-Miller and Steier，2004）通过研究美国传承失败的家族企业，发现45%的传承失败其根源在于继承人无法胜任领导角色。[24]维默等（Vemer，et al.，2005）提出，继承过程感知成功度的概念，并选择继承人的接班意愿、接班准备和企业主的关系三个因素来测量继承过程感知成功度。[25]兰布雷特（Lambrecht，2005）从家庭成员个体、家庭和企业由内到外构建了一个新的三环模型，用于解释多代传承问题。[26]严和索伦森（Yan and Sorenson，2006）分析了儒家思想对家族企业代际传承的影响。[27]斯科尔斯等（Scholes，et al.，2007）以权变理论、组织生态学理论出发，考虑外部环境的变化对家族企业传承过程的影响。[28]塔托格鲁等（Tatoglu，et al.，2008）研究发现，在任者在制订传承计划时一定要考虑环境因素的多变性。[29]坎西卡斯和库曼（Kansikas and Kuhmonen，2008）将家族企业继承和组织变革中的进化思维相结合，阐述了变异、选择、保留和斗争是家族企业继承中的关键进化力。[30]尅特和加斯提斯（Cater and Justis，2009）分析了在任者和子女在交接班意愿方面存在的困境，并提出传承管理的对策。[31]

文森特等（Vincent，et al.，2010）研究了家族企业传承对企业财务结构和绩效的影响。[32]洛伊（Loy，2010）用扎根理论研究了马来西亚华人家族企业文化的代际传承问题。[33]托马斯等（Thomas，et al.，2011）分析了家族企业潜在继承人的职业选择倾向。[34]布拉奇和瓦格罗尼（Bracci and Vagnoni，2011）从知识管理的视角分析了小型家族企业传承的问题。[35]贝克等（Beck，et al.，2011）研究了家族企业的代际传承、市场导向和创新的关系。[36]拉科宁和坎西卡斯（Laakkonen and Kansikas，2011）通过案例研究比较了在管理和所有权继承的准备过程中，家族企业发生的进化选择和变化问题。[37]乔治等（George，et al.，2012）分析了抑制传承成功的因素。[38]诺德克维斯特等（Nordqvist，et al.，2013）指出，长期以来学术界就没有区分所有权和管理权。[39]施莱普霍斯特和穆格（Schlepphorst and Moog，2014）指出，继任者研究一直是家族企业传承研究的黑箱，分析了继任者在家族企业传承过程中的需求。[40]艾勒斯等（Ahlers，et al.，2014）指出，传承是家族企业生命周期中最为重要的一个过程，因为传承活动会对企业战略、文化和生存能力产生持续性影响。[41]麦克马伦和沃尼克（McMullen and Warnick，2015）指出，现任者在选择内部培养的继承人还是外部选择的继承人的困境。[42]米歇尔和坎默兰德（Michel and Kammerlander，2015）研究了传承计划中继承人的辅助者问题。[43]豪克和普吕格尔（Hauck and Prügl，2015）从社会情感财富视角研究了家族企业内部传承期间的创新活动。[44]马修斯和布鲁门特（Mathews and Blumentritt，2015）提出了一个家族企业传承的连续选择模型。[45]列斐伏尔（Lefebvre，2016）从继承人角度提出了继承人能力培养的外部新途径。[46]卡尼等（Carney，et al.，2018）提出，在动态制度环境下家族企业要实施专利战略，需要传承过程中进行精益创新。[47]马科等（Makó，et al.，2018）研究了社会情感财富在家族企业代际传承中的问题。[48]

2. 研究评析。

（1）研究趋势。以"family business succession"作为主题，在 web of science 数据库中搜索相关文献，文献的年份分布情况如图 1-1 所示，研究国别分布如图 1-2 所示，学术机构分布如图 1-3 所示。

（2）研究主题。国外学者对家族企业代际传承研究的主题分布见图 1-4，主要集中在六个方面：一是在任者的权力欲望对传承计划、传承结果的影响；二是在任者和继任者关系的影响；三是传承不同阶段的任务、传承模型构建；四是子女接班意愿及其影响因素、继任者的能力特征；五是企业规模和发展前景、董事会设置、企业规范化程度等对传承的影响；六是家族关系、家族成员对企业的承诺、家族理事会对传承过程的影响等。

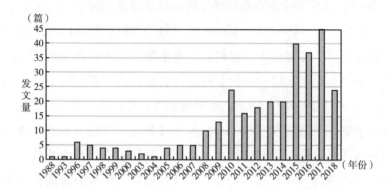

图1-1　国外家族企业代际传承研究的文献分布

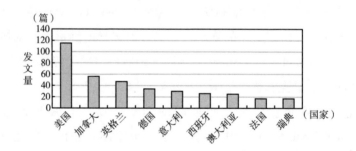

图1-2　国外家族企业代际传承研究的国别分布

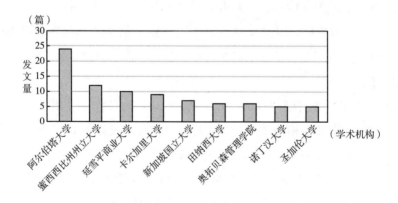

图1-3　国外家族企业代际传承研究的学术机构分布

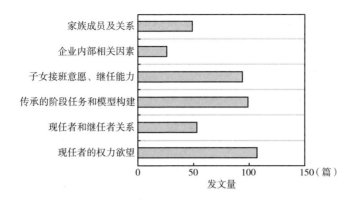

图1-4　国外家族企业代际传承研究的主题分布

（3）研究不足。国外家族企业代际传承研究从最初的本体论拓展到现在的认识论和方法论。本体论遵循"传承什么、传给谁、怎么传"的研究脉络，集中于家族企业代际传承内涵、继任者选择、影响成功传承的因素、传承计划等议题。近几年，随着资源和核心竞争力、公司治理、企业家精神、创新创业等被引入家族企业代际传承研究中，家族企业代际传承的研究边界在不断拓展。认识论研究主要表现为从不同学科视角解释家族企业代际传承活动。家族企业代际传承的视角从最初的管理学拓展到组织行为学、社会心理学、经济学、社会学等多个学科视角，但是管理学、组织行为学仍然是主流视角，代理理论和资源基础理论是主要理论基础。方法论研究从最初的规范分析走向案例分析、实证分析，又开始提倡基于叙事分析、扎根分析等定性研究构建基础理论。

家族企业代际传承是一个复杂的多阶段演进过程已经取得国外学者的共识。为了寻找家族企业代际传承的规律性认识，国外学者从不同学科角度来识别家族企业代际传承不同阶段存在的关键问题，解释传承过程的动态性和复杂性，并提出有效的管理对策。但是研究方向比较零散，研究结论存在不同程度的差异，研究成果的相关性较低，一定程度上制约了相关研究成果的推广和后续研究的跟进。就国外研究的整体状态而言，完整的学说体系尚未形成，远没有进入库恩的"常规科学"阶段。究其主要原因，主要是本体论研究和认识论研究方面存在两个关键问题。

首先是本体论方面，"传承什么"缺乏一致性的结论。尽管家族企业代际传承内涵的主流认识是所有权和控制权的传承，但是随着诸如企业家精神、隐性知识、价值观等大量其他的内容要素被提出，导致家族企业代际传承的内容要素组成上缺乏一致性的认识。

其次是认识论方面，欠缺家族企业代际传承对企业持续性影响的分析框架。家族企业代际传承的传统分析框架是企业、家庭和所有权三环模型，在这个模型的基础上，划分家族企业代际传承的阶段，并指出每个阶段的特征和管理策略。但是，传承是家族企业生命周期中最为重要的一个过程，传承活动会对企业创新、战略、文化和生存能力产生持续性影响。现有的理论研究缺乏有关传承活动对企业创新、战略、文化和生存能力等影响机制的研究。

1.2.1.2 基因应用于社会系统研究述评

现代遗传学之父孟德尔（Gregor Johann Mendel）在 1865 年发表的《植物杂交实验》一文中指出，"遗传因子"是一个遗传单位，可以决定从亲代遗传给子代的性状。[49]因为当时的技术水平，孟德尔没能验证他的假说。尽管如此，孟德尔提出的"遗传因子"却是人类对基因（gene）的最早认识。

丹麦遗传学家约翰逊（W. Johansen）1909 年首次用德文"gen"提出基因一词，后来被英语世界的学者改用"gene"。一开始，该名词只是遗传性状的符号，未涉及基因的物质概念。1910 年，美国遗传学家摩尔根（Thomas Hunt Morgan）发现并证实基因是位于染色体上的实体物质，是一个遗传、交换和突变的单位。1919 年，生物学教材中开始使用"gene"一词。20 世纪 40 年代，本德尔（Bendle）和塔图姆（Tatum）首次在分子水平上给出基因定义，基因位于染色体上的一定区域，在有丝分裂中作为一个遗传单位存在，并决定一定的表型。1944 年，艾菲力（Oswald T. Aveey）证明DNA 是遗传物质，此后基因被定义为具有遗传效应的 DNA 片段，是决定生物性状的最小功能单位。此后，基因研究不断取得突破，基因理论逐渐成为现代遗传学的核心理论和生物学的理论基石。

随着跨学科研究趋势的不断升温，基因理论从生物学领域进入社会科学领域。1975 年美国著名生物学家爱德华·威尔逊（Edward O. Wilson）出版《社会生物学：新的综合》一书，首次将生物基因理论用于探讨人类社会行为，试图对人类行为给出进化论的解释。威尔逊认为，在很大程度上人类行为和其他动物的社会行为一样，是由基因决定的，是自然选择的结果。[50] 这一观点提出后备受争议，但是随着行为遗传学和神经生物学研究的进行，大量证据证明人的某些行为确实受遗传因素的影响，越来越多的人开始认同该观点。自 20 世纪 70 年代以来，基因理论及其应用无论在国外还是国内都得到持续关注，见图 1-5。国外将基因理论应用于社会系统研究主要体现在政治、经济和文化三个方面。

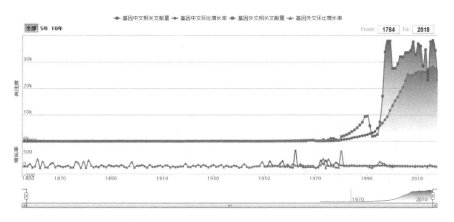

图 1-5　基因研究在国内外的关注度

1. 应用基因理论研究政治系统评析。

（1）研究趋势。国外学者将基因理论应用研究政治系统自 1995 年后呈现波动式上升趋势，见图 1-6。

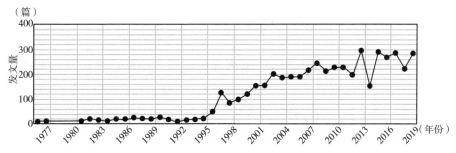

图 1-6　国外应用基因理论研究政治系统的趋势

（2）学术关注度。自 19 世纪中期至 20 世纪末期，国外学者就开始对基因理论在政治系统中的应用研究保持一定的关注度，并呈现间歇性增长态势。进入 21 世纪后，关注度以每年比较平均的增长率不断增长，见图 1-7。

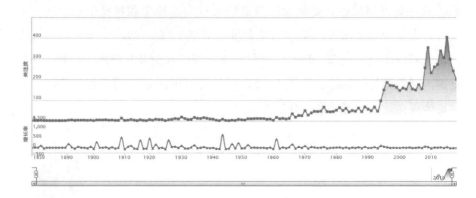

图 1-7　国外应用基因理论研究政治系统的学术关注度

（3）研究主题。国外学者将基因理论应用政治系统研究涉及的主要议题见图 1-8。其中，近 10 年来，"基因政治学"（genopolitics）已经成为美国主流政治学研究的重要议题。

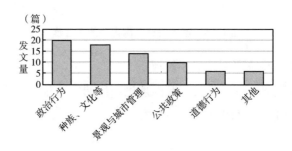

图 1-8　国外应用基因理论研究政治系统的主题分布

（4）研究不足。国外学者将基因理论应用于政治系统研究的不足之处，是该研究理论没有形成中观层面的理论模型。其原因有三：一是样本收集问题，政治参与行为研究需要双胞胎样本，种族、文化和行为研究需要一定规模的不同种族的样本；二是需要投入基因监测技术、人力物力资源进行长时间的跟踪研究；三是在国外有关种族、性别等研究涉及伦理约束。

2. 应用基因理论研究经济系统。

（1）研究趋势。自 20 世纪 90 年代以来，国外学者应用基因理论研究经济领域的相关问题的文献在不断增长，见图 1 – 9。

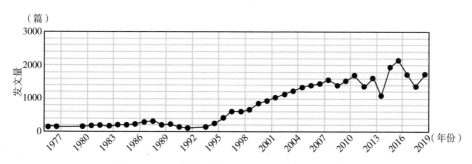

图 1 – 9　国外应用基因理论研究经济系统的趋势

（2）学术关注度。国外学者对基因理论在经济系统中的应用研究保持一定的关注度，并呈现间歇性增长态势，见图 1 – 10。

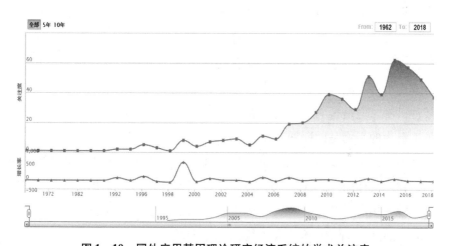

图 1 – 10　国外应用基因理论研究经济系统的学术关注度

（3）研究主题。国外学者应用基因理论研究经济领域，研究主题集中在金融市场、组织行为、环境保护、运营控制、消费行为、价格预测等，见图 1 – 11。

（4）研究不足。国外学者应用基因理论研究金融市场、运营控制、价格预测等问题时，主要是借用达尔文生物进化理论的自然选择机制和遗传

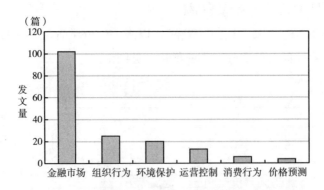

图1-11 国外应用基因理论研究经济系统的主题分布

学机理，模拟构建以遗传算法为代表的各种计算模型，对股票趋势、汇率、指数、投资组合等进行评估，优化运营资源，从宏观层面预测大宗商品的价格等。环境保护研究主要是运用DNA技术保护生态的多样性。消费行为研究则是基于生物基因技术研究消费者行为偏好，或者基于遗传算法模型研究消费大数据。组织行为研究涉及组织的成长、创新、可持续发展，组织文化，领导和员工行为等多个方面。由于组织行为的复杂性，有关组织成长、创新、可持续发展和组织文化等研究基本上是一种隐喻式应用。也就是说，借用基因理论的一些基本概念，如DNA，类比组织中的某类特征或某种机制。但是也有个别研究是寻找行为背后的基因证据，如研究领导和员工行为的生物基因证据。

基因理论用于政治系统的研究是寻找生物基因影响政治态度和行为的证据，确定具体的基因类型和作用机制。但是，基因理论用于企业经济方面更多地采用的是基因的隐喻，或者是对基因理论的模仿或者移植。

3. 应用基因理论研究文化系统。

（1）研究趋势。国外应用基因理论研究文化系统的文献在不断增长，见图1-12。

（2）学术关注度。国外应用基因理论研究文化系统的学术关注度见图1-13。

（3）研究主题。国外应用基因理论研究文化系统的主要议题见图1-14。其中，基因文化共同进化和模因论两个主题占据主导地位。

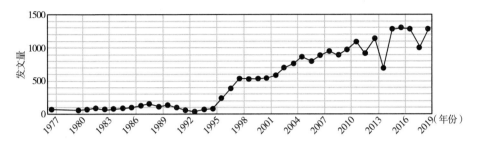

图 1 – 12　国外应用基因理论研究文化系统的趋势

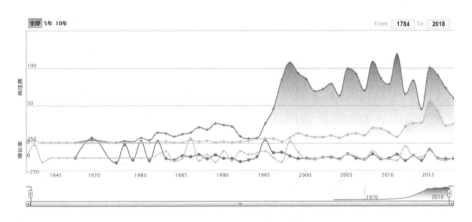

图 1 – 13　国外应用基因理论研究文化系统的学术关注度

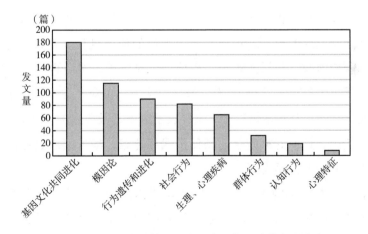

图 1 – 14　国外应用基因理论研究文化系统的主题分布

社会生物学的代表人物爱德华·威尔逊首次系统性运用基因理论解释人类行为时，并没有考虑文化的影响。随着后续研究的进行，爱德华·威尔逊修正了他的观点，并提出人类行为是基因和文化共同进化的结果。基因文化共同进化逐渐成为国外文化研究的主要议题。

（4）研究不足。国外学者研究基因文化共同进化、行为遗传和进化、社会行为、生理、心理疾病、群体行为、认知行为、心理特征等主题，都是寻找和确定决定这些行为的生物基因类型或者作用机理。模因论则是尝试用一种新规范模式，把文化遗传的作用整合到生物进化进程中。这种尝试虽然取得一定的成功，模因论在人文科学领域得到了不同程度的应用，但是并不能掩饰其自身的缺陷。国外的模因论研究大多限定在传播学领域，围绕文化复制和传播机制展开，导致模因论对人类文化进化的解释处于一种单向度状态，过于简单。人类文化有其产生、发展、消亡、再生的过程，应该从文化本体论出发，从多个维度多个阶段认识文化的进化特点。

1.2.2　国内相关研究述评

1.2.2.1　家族企业代际传承研究述评

1. 研究现状。晁上（2002）提出，家族企业代际传递是家族的掌门人为了家族企业的延续将企业的所有权和经营权传递给继承人的过程。这个过程实际上是家族的财产、声望和社会地位的传递过程。家族企业代际转移发生在家族内部，包括父传子、祖传孙、兄传弟，然后再由兄弟传给其兄长的儿子等多种形式。[51]储小平（2002）认为，在众多继承方式中，受到家族文化的影响，从现实情况看，选择长子继承是最普遍的。[52]罗磊（2002）发现，和美国、日本的家族企业继任模式相比较，华人家族企业倾向于诸子分户析产制的继任模式。[53]

潘晨光和方虹（2003）认为，除了家族内部的"血缘继承"模式，家族企业的继任模式还包括"职业经理人继承"。[54]李蕾（2003）提出，如果时机选择不当，会严重影响代际传承的效果，企业"领导人能力不足""稳步经营"或"高速成长"是比较恰当的传承时机。[55]何心展（2003）就继承人加入企业和开始学徒期的最佳时机和企业所有权正式移交给继承人的最佳时间构建了数理分析模型。[56]

高明华和赵云升（2004）认为，从长远看，由职业经理人作为继任者是必然选择。[57]郭跃进和徐冰（2005）指出，家族企业的继承包含财产传承与企业控制权传承两个方面。在财产多子分承的文化中，更有研究价值的是企业控制权的传承。[58]陈万思和姚圣娟（2005）认为，家族企业接班人的培养是一个长期过程，以接班人入职企业为时间点，分为进入前培养和进入企业后培养两大阶段。前者包括家庭教育、精英教育、继承人胜任力模型构建、继承人辅助团队组建；后者包括基层锻炼、角色适应、团队组建、权威积累。[59]华涛（2005）发现，国内家族企业传承存在缺乏继承计划、没有准备好继承者、家族企业内部和外部的阻力等问题。[60]

张瑞和徐明（2006）认为，文化传统、创业者心态、信任、成本、风险等方面的原因导致家族企业普遍选择"子承父业"模式。[61]许忠伟和于秀慧（2006）认为，接班人担当重任时间短、掌权时权威和能力不足、接班人缺少和企业磨合的时间等原因导致家族企业代际传承中存在亲子冲突、子辈冲突、少主与老臣冲突、资本与经理人冲突等。[62]韩朝华（2006）认为，能力应当是选择接班人的主要标准之一。[63]赖晓东和蒲云（2006）研究发现，公司规模、公司的成长性、公司的盈利变化以及贷款的限制都会影响传承时机的选择。[64]

余向前（2007）在"血缘继承"和"职业经理人继承"两类模式的基础上，进一步把"血缘继承"分为直系血缘的继承（子承父业）和由差序格局外推的亲人继承，如翁婿、叔侄、堂兄弟等。[65]董巍（2007）认为，儒家文化是"子承父业"传承模式存在的文化基础。[66]贾琳等（2007）认为，代际差异、继承人选择难度大和选择标准模糊、继承人的败家行为等导致家族企业难以成功传承。[67]王重鸣和刘学方（2007）认为，高管团队的行为会影响家族企业成功传承，尤其是处于交接班阶段。[68]黎彩眉（2007）认为，家族企业交接班阶段与接班人的个人职业生涯发展阶段应该有机结合起来，并据此构建了家族企业内部接班人培养模型。[69]万希（2007）认为，工作能力、忠诚度、对企业的感情投入、委托代理成本四个维度是家族企业接班人的选择标准。[70]刘学方等人（2007）构建了一个包括诚信正直、学习沟通、自知开拓、决策判断、组织承诺、关系管理、科学管理和专业战略八个因子的家族企业接班人胜任力模型。[71]许忠伟和李宝山（2007）提出了基于企业家生命周期的传承模式。[72]

刘展铭和许晓明（2008）认为，"子承父业"的传承模式存在选人范围小、容易引起内讧、容易引发管理层震荡、容易降低非家族员工的忠诚度、同化现象等问题。[73]窦军生和贾生华（2008）认为，家族企业家应该传承其默会知识、关系网络和企业家精神三大类要素。[74]王连娟（2008）认为，接班人的来源除了家里人、企业人和外来人三种常见形式，还有诸如经营管理委员会、联合 CEO、家族内部联合经营等其他形式。[75]王晓婷等人（2008）认为，企业主决定继承人时，女性通常是隐性继承人。[76]王晓凯（2008）认为，接班人培养方式选择包括教育培养、社会历练和企业内培养三大类。[77]余向前和骆建升（2008）调查发现，接班人的综合素质、家族企业优越性的发挥以及家族成员的和谐关系等因素，明显影响家族企业的成功传承。[78]余向前（2008）调查了子女接班意愿的影响因素及对成功传承的影响。[79]帅亮（2008）认为，家族企业成功传承涉及协作型的家族文化和参与型的公司文化。[80]

黄锐（2009）认为，家族企业的代际传承是指企业在代与代之间所进行的传递。[81]刘学方（2009）将家族企业继承定义为一个包含家族企业所有权、管理控制权、家族财产权等全部或部分转移的动态过程。[82]杨在军（2009）从经济学角度解释了"子承父业"传承模式的有效性，他认为家族普遍作用、代际效应、相对信任的普遍性与长期性、家族控制动机、经营者选择能力与忠诚的均衡等决定了子承父业的普遍性，且并不是以效率损失为代价。[83]章凯等人（2009）提出了一个家族企业内部传承模式，认为详尽而周密的传承计划、继任者的才能和接班意愿、内外部环境适应性、企业文化的传承等是影响代际传承的关键成功因素。[84]贺小刚和江婷（2009）认为，继任满意度是衡量继任质量的重要指标。[85]

张余华（2010）认为，家族企业代际传承不仅仅是控制权的代际转移，而是涉及家族财产、企业股权、经营管理权、声望和社会地位等诸多方面的传递。[86]窦军生和李生校（2010）提出目的性要素和工具性要素概念，以此对家族企业代际传承要素进行整合，将企业的所有权和管理权归为目的性要素，企业家知识、企业家社会资本或关系网络以及企业家精神等归为工具性要素。他们认为，工具性要素的传递或转移是未来的家族企业传承实践和理论研究的重点。[87]李健和陈传明（2010）认为，企业家社会资本的有效传承是企业家社会网络结构动态演变的结果。[88]王宜楷（2010）指出，在中国影响继承人选择的因素有很多，被研究的最多的是有关代理成本问题，但是文化因素、风险因素、社会因素也会对继承人的选择造成影响。[89]王连娟等（2010）指出，角色冲突、性别歧视、自我限制心理、责任不明等将成为困扰女性接班人的突出问题。[90]吴士健等（2010）认为，家族企业继任者的胜任力包括管理技能、个人特质和人际关系。[91]张余华（2010）结合中国特有的文化、市场背景，构建了家族企业的五层次代际传承模型。[92]

王呈斌和伍成林（2011）对家族因素和在任者因素影响家族企业代际传承活动进行了实证研究，研究结果表明，家族因素对传承意愿起着主导作用。[93]陈寒松（2011）认为，企业家精神是一个多层次的概念，企业家精神有一个衰减的过程。因此，企业家精神在代际间的传递包含传承和创新的两种路径。[94]何轩等（2011）实证分析了各种相关因素对家族企业后代创业意图所产生的不同影响。[95]山崴（2011）从中国传统文化的视角探讨家族企业传承问题。[96]

孙海法和黄玉梅（2012）指出，父子关系、长期取向、知识获取、角色认知、风险意识和合作精神6个要素影响继任者领导力的发展。[97]王阳明（2012）通过实证分析，总结出方太的"发扬光大"模式、横店的"升级换代"模式、万向的"优势互补"模式、美的的"另辟蹊径"模式、龙盛的"群星璀璨"模式5种接班模式。[98]魏晋童（2012）从文化、女性自身、利益相关者等方面分析了女性被当成隐性继承人的原因，同时指出，女性继承人有凝聚力强、内部信任和相互依赖、代理风险低等优势。[99]金秀玲（2012）认为，在国内家族企业代际传承实践中，除了家族企业创业一代的传承观念落后和传承计划缺失、传承模式单一和外围市场不健全等以外，还有家族企业治理的制度选择问题。[100]于斌斌（2012）以社会网络、政府关系、发现机会、承担风险、资源整合、战略决策、学习创新和科学管理八个因子构建了一个家族企业接班人的胜任—绩效模型。[101]宋丽红（2012）从跨时决策和跨代创业视角对家族控制企业的长期导向行为进行检验，发现家族控制对研发投入力度无影响，而会显著促进企业慈善捐赠行为。[102]刘芳（2012）认为，"职业经理人继承"模式存在诸多风险。[103]陈文婷（2012）对家族企业内部隐性和缄默资源的传承创新机制进行了综述。[104]王少杰和刘善仕（2012）认为，家族文化、制度、伦理、家族成员个人是制约中国家族企业传承的核心因素。[105]蔡双立等人（2012）提出了关系网络结构与代际传承关系网络异化概念模型。[106]

余向前等人（2013）认为，企业家隐性知识包含诚信好学、企业家精神以及个体社会网络三个维度，企业家隐性知识在代际之间有效转移是家族企业成功传承的关键。[107]李新春和宋丽红（2013）从传承意愿视角检验了家族传承意愿对家族控制的影响及行业潜能的调节作用。[108]林剑和张向前（2013）认为，家族企业继任者素质的高低成为影响企业发展的关键因素，而继任者与第一代创业者在胜任力要素构成上存在着差异。[109]于飞和刘明霞（2013）指出，在任者和继任者特性、知识特性、知识转移渠道和家族关系等是影响知识代际转移的主要因素。在任者和继任者特性对知识转移效果具有显著正向影响；知识的默会性和情景嵌入性对知识转移效果有显著负向影响；知识转移渠道在知识代际传承中起中介作用；家族关系对知识转移效果的直接影响不显著，主要通过知识转移渠道的中介作用间接影响知识转移效果。[110]丁夏齐和谢苏英（2013）从跨学科、制度转型、社会资本及团队建设等角度指出家族企业代际传承研究的未来发展方向。[111]周任重（2013）认为，创业者默会知识是家族企业战略性资源，如何实现创业者知识的转移是家族企业代际传承中的核心问题。[112]

何轩（2014）发现，家族企业家不利的制度环境感知会削弱其传承意愿，进而降低企业经营的长期导向，而占据有利的政治地位可以抵御不利制度环境感知的影响。[113]许永斌（2014）研究表明，进入代际传承实施期后，家族企业表现出更低的资产负债率、更大的长期债务比重以及更高的流动比率，并指出控制权与现金流权的分离程度对进入代际传承实施期的家族企业债务特征起到干扰作用。[114]李志刚等（2014）认为，沟通、基础、共识、协同、培育、优化、特色、成长、新业务等要素能确保传承过程顺利、高效。[115]杨玉秀（2014）指出，家族社会资本的多寡会影响传承过程，传承前后家族社会资本的变化会影响传承结果（业绩）。[116]胡玮玮（2014）认为，开拓和冒险精神、企业外部关系网络、管理员工的经验、处理复杂事务的经验、敬业精神、家族企业内关系网络、传承者价值观念和技术诀窍与经验等是最重要的八类隐性知识传承要素。[117]刘琳和郑建明（2014）从家族企业内在的复合契约出发研究了家族企业的治理模式演进和代际传承的关系。[118]陈忠卫和张琦（2014）认为，家族企业传承乃至家族企业持续成长的重要影响因素是家族企业传承者与继任者间的信任关系。[119]

李新春（2015）从过去主要关注家族企业传承什么和如何传承的问题，转向对代际传承与组合创业的关系及其微观机理的研究。[120]汪祥耀和金一禾（2015）将家族企业代际传承分为参与管理、共同管理和接收管理三个阶段，分析了二代推动的家族企业战略转型对企业绩效的影响。[121]周鸣阳（2015）认为，代际传承不仅是家族企业物质资本所有权和管理控制权的传承，还包括人力资本、社会资本和文化资本的传承。[122]李卫宁等（2015）指出，家族企业代际传承的过程伴随着企业主和接班人代际关系的发展，和谐的代际关系是家族企业成功传承的保障。[123]

胡旭阳和吴一平（2016）从民营企业参政议政视角提出政治资本在代际间转移的路径。[124]汪祥耀和金一禾（2016）将家族企业代际传承与创新活动结合起来，探讨代际传承对企业创新活动的影响。[125]赵晶和孟维烜（2016）将研究对象转向继任者，对继任者的社会资本如何影响代际传承中的企业创新问题进行了研究。[126]朱仁宏等（2017）对价值观传承进行研究，构建了价值观、代际传承和企业成长的关系模型。[127]刘娇等（2017）基于探索新案例分析了家族企业价值观传承对企业战略变革的影响。[128]吴炯等

（2017）研究了家族企业传承的权威问题。[129]程晨（2018）探讨了创新精神在家族企业中的代际传承问题。[130]黄海杰等（2018）基于中国家族上市公司的数据，探讨了二代介入与企业创新问题。[131]

2. 研究评析。

（1）研究趋势。通过中国知网，检索篇名"家族企业"和"传承、继承、继任、接班"发现每年文献研究的分布情况，见图1－15。

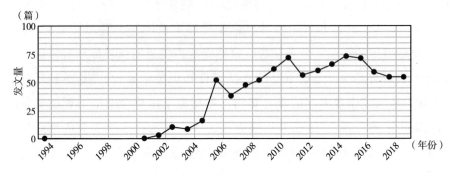

图1－15　国内家族企业代际传承研究的文献分布

（2）学术关注度。国内学者对家族企业代际传承的关注度从2003～2017年一直是上升状态，见图1－16。

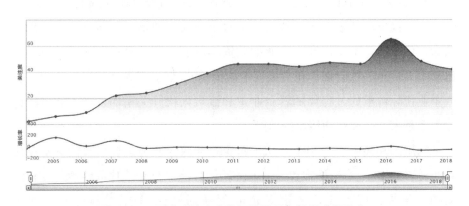

图1－16　国内家族企业代际传承研究的学术关注度

关键词共现分析以及关键词类的分布情况，见图1－17和图1－18。由图1－17可知，国内学者的研究热点是职业经理人、传承模式、子承父业、影响因素、权力传承、对策、控制权等。由图1－18可知，家族企业、代际传承、传承、职业经理人、传承模式、子承父业、继任、影响因素、继承人、继承等关键词排列前 10 位。因此，国内学者在家族企业代际传承研究中，主要关注继任者选择、传承模式选择以及影响因素。

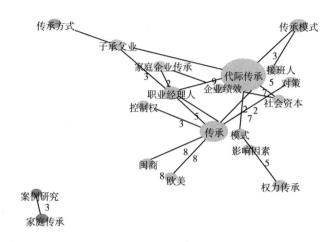

图 1-17　国内家族企业代际传承的关键词共现网络

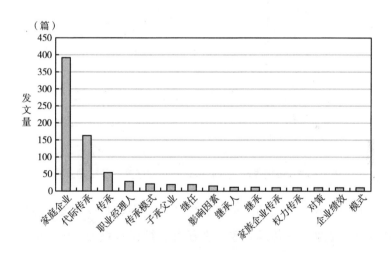

图 1-18　国内家族企业代际传承研究的关键词分布

（3）研究主题。国内学者的研究主题分为传承前研究、传承过程研究、传承效果评价和其他等，见图 1-19。传承前研究包括传承意义、社会文化与传承、利益相关者与传承、家族成员与传承、制度与传承等。传承过程研究的子主题分布见图 1 - 20。其他主要包括传承对企业战略、创新创业的影响等，这是近几年学者开始关注的主题。

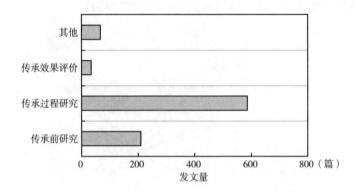

图 1 - 19　国内家族企业代际传承研究的主题分布

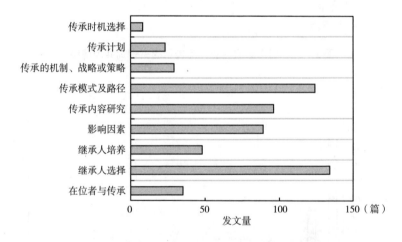

图 1 - 20　国内家族企业代际传承过程研究的子主题分布

（4）研究不足。国内研究者从经济学和管理学范式出发，以资源基础理论作为理论基础，在传承要素、在任者和继任者行为、传承的影响因素等方面取得了丰富的研究成果。首先，将家族企业代际传承研究从单一的权力传承拓展到知识传承、社会资本传承等多个传承要素。其次，将代际传承主体行为从在任者视角转向继任者视角，从继任者的接班意愿、能力培养转向继任者的创业创新行为。最后，对家族企业代际传承影响因素的分析从家族和企业内部的因素延伸到文化、制度环境等外部因素。但是从整体看，国内研究和国外研究一样，在本体论、认识论和方法论方面都存在类似的问题。

本体论方面，"传承什么"缺乏一致性的结论。如同国外学者一样，国内很多学者也都认识到所有权和控制权的传承只是代际传承的表征，更应该关注企业家精神、隐性知识、价值观、社会资本等在代际之间的转移，导致家族企业代际传承的内容要素组成上缺乏一致性的认识。认识论方面，欠缺家族企业代际传承对企业持续性影响的分析框架。

1.2.2.2 基因应用于社会系统研究述评

1. 应用基因理论研究政治系统。

2. 应用基因理论研究经济系统。

（1）研究趋势。通过中国知网，用基因或 DNA 作为篇名，对 1964 ~ 2018 年以来的经济管理类文献进行分析，发现 2000 年后，国内学者应用基因理论研究经济领域的相关问题的文献在不断增长，但是 2016 年以后有下降趋势，见图 1 – 21。

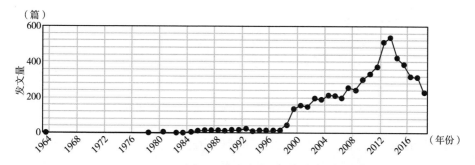

图 1 – 21 国内应用基因理论研究经济系统的趋势

（2）学术关注度。国内学者对基因理论研究经济系统的关注度呈现波动趋势，见图 1 – 22。

（3）研究主题。国内学者应用基因理论研究经济系统的主题见图 1 – 23。

（4）研究不足。国内应用基因理论研究经济领域的问题，存在以下三点不足。

第一，大部分研究停留在对基因概念的隐喻阶段。借用基因、DNA 等一些基本概念类比组织或地区的某类特征或某种机制，以强调这类特征或

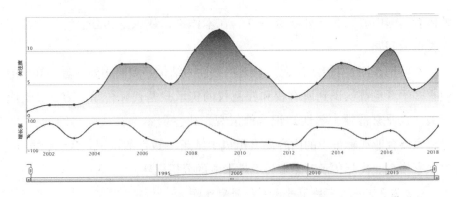

图 1 - 22　国内应用基因理论研究经济系统的学术关注度

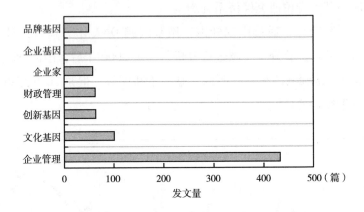

图 1 - 23　国内应用基因理论研究经济系统的主题分布

机制是组织或地区的核心要素,在其发展中起决定性作用。但是对这些特征如何产生、如何识别,以及作用路径缺乏研究。

　　第二,企业基因构成要素及其识别和其作用路径缺乏实证分析。尽管国内学者从企业惯例、能力、文化等视角,给出企业基因定义,并认为企业基因和生物基因一样有着双螺旋结构,由四个碱基构成,但是碱基和双螺旋分别对应于哪种企业要素分歧很大。大多数研究对企业基因构成要素的界定是基于规范分析,对企业基因的作用路径缺乏实证分析。

　　第三,应用基因理论解释家族企业行为的研究偏少。家族企业是一种特殊的组织形态,本身就兼顾生物基因和文化的特性,理应引起国内学者的重视。但是,只有刘平青等个别学者将基因理论应用于家族企业研究。

刘平青认为，家族基因由利己人性、心智模式、利他人性、文化因子四个碱基构成，并将家族企业定义为由家族基因决定资源要素配置，且企业控制权为某一家族所有的企业组织形态。该研究是一种基于经济学范式的理论推演，对家族基因要素及其之间的关系缺乏实证检验。

3. 应用基因理论研究文化系统。

（1）研究趋势。国内应用基因理论研究文化系统，始于 20 世纪 80 年代。进入 21 世纪后，研究文献不断增加，见图 1 – 24。

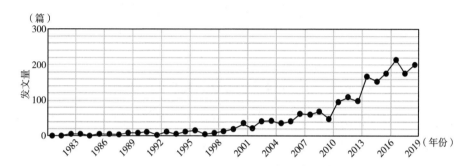

图 1 – 24　国内应用基因理论研究文化系统的趋势

（2）学术关注度。国内学者对基因理论研究文化系统保持较高的关注度，见图 1 – 25。

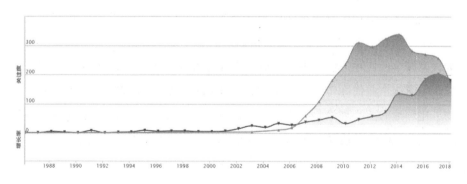

图 1 – 25　国内应用基因理论研究文化系统的学术关注度

（3）研究主题。国内应用基因理论研究文化系统的主要议题见图 1 – 26。其中，模因论研究占据主导地位。

（4）研究不足。和国外学者相比，国内学者的模因研究既有传播学意

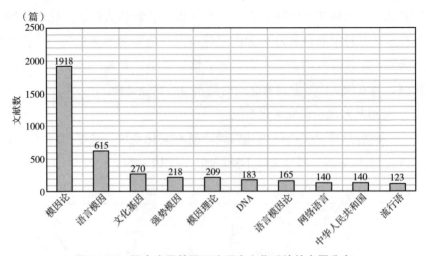

图 1–26　国内应用基因理论研究文化系统的主题分布

义上的，也有文化结构意义上的，不仅如此，研究涉及的面更广，研究更有深度。国内学者从哲学、语言学、文化学、民族学、人类学等角度广泛探讨模因论，试图构建人类文化的进化理论。但是，由于研究角度过于分散，难以形成一致性的研究框架，研究结论缺乏可比较性。

国内外家族企业代际传承研究都是基于"经济人"的假设，而经济学的代表人物之一马歇尔（Marshall）曾经指出，"经济学家的麦加在经济生物学而不在经济力学"。[132]家族企业作为一个基于血缘关系的企业组织形态，首先是一个"生物人"，是一个生命有机体，然后才是"经济人"。因此，本书认为，家族企业代际传承的理论基础应该是生物进化理论。以生物进化理论构建新的家族企业代际传承理论框架，更能揭示家族企业代际传承的本质。生物进化理论的核心理论是基因理论，因此，本书以基因理论为基础重新解释家族企业代际传承活动，探讨家族企业代际传承的内在本质和规律。

1.3　研究意义

1.3.1　理论意义

家族企业能否跨代实现可持续发展，是当今世界一个古老而又持久弥新的研究课题。当前的中国家族企业不仅面临着企业转型、创新等挑战，同时还面临着跨代传承的挑战。本书将生物学基因理论应用于家族企业代际传承活动，从家族企业基因视角分析家族企业代际传承的本质问题，发现家族企业基因要素，探索和构建家族企业基因模型，揭示家族企业代际传承的内在机理，包括遗传机理和变异机理，并提出家族企业代际传承的管理对策。这些研究，将丰富和发展家族企业代际传承研究的理论成果，同时也拓展了基因理论在社会系统中的应用范畴。

1.3.2　实践意义

基于基因理论，探索家族企业基因及其代际传承机理，对于正在进行代际传承的家族企业具有重要的实践意义。第一，可以帮助家族企业理解代际传承是一个多维度、多因素的协同过程，指导家族企业发现和提炼自身独特的优秀的基因要素，并在实践中加以培育与优化。第二，可以帮助家族企业确立家族和企业的未来愿景，指导家族企业制订一个基于企业基因和企业成长的传承计划，将家族企业代际传承嵌入企业成长活动，实现代际传承和企业成长的同步发展。第三，可以指导家族企业，依据家族企业基因的遗传和变异机理，做好代际传承各阶段、各环节的管理工作，包括：家族企业基因复制的启动阶段、交接阶段、护航阶段的管理工作，家族企业基因表达的转录环节、翻译环节的管理工作，以及家族企业基因重组阶段的管理工作。

1.4　研究目标、方法、内容与技术路线

1.4.1　研究目标

本书将引入生物学中的基因理论，探索家族企业的代际传承机理及相关管理问题。具体目标如下。

（1）提出基于基因理论的家族企业代际传承分析框架。认为家族企业

代际传承的本质是家族企业基因在代际之间的遗传和变异过程，并构建家族企业基因识别—遗传—变异的分析框架。

（2）识别家族企业基因要素。通过科学方法，分析家族企业典型案例，提炼出家族企业基因要素，并构建家族企业基因模型。

（3）揭示家族企业基因传承机理。构建家族企业基因传承机理模型，并进行实证分析。

（4）提出基于基因理论的家族企业代际传承管理对策，包括：家族企业基因要素管理对策，以及基于家族企业代际传承机理的管理对策。

1.4.2　研究方法

本书采用的研究方法有以下几个方面。

1.4.2.1　文献研究法

采用文献研究法对国内外家族企业代际传承研究和基因理论在社会系统中的应用研究进行述评；查阅传承超过四代的家族企业的传记、文献等历史资料，构建案例企业的资料库，为后续扎根研究提供数据。

1.4.2.2　规范研究法

运用规范分析法评析家族企业、家族企业基因和家族企业代际传承的本质；构建一个家族企业基因代际传承的内在机理模型；综合运用管理学科的知识，提出家族企业基因代际传承的管理对策。

1.4.2.3　扎根理论方法

利用扎根理论方法对福特汽车公司、贝塔斯曼公司、BMW 公司、EXOR 公司、塔塔集团、标致公司、嘉吉公司、喜力控股公司、三得利控股有限公司九个家族企业的历代企业家行为进行开放式编码、主轴编码和核心编码，识别家族企业基因要素。

1.4.2.4　案例分析

以冯氏集团作为案例，分析家族企业基因要素及代际传承机理。

1.4.2.5　结构方程法

选择结构方程模型，借助 SPSS 22.0 对模型变量进行相关性检验，用AMOS 22.0 数据分析软件验证家族企业十个基因要素之间的关系。

1.4.2.6　计量分析法

确定家族企业基因复制机理的研究假设，构建截面数据模型，验证家族企业基因的复制机理；确定家族企业基因表达机理的研究假设，构建面板数据模型，验证家族企业基因的表达机理；确定家族企业基因重组机理的研究假设，构建面板数据模型，验证家族企业基因的重组机理。

1.4.3　研究内容

本书的研究内容分为八章，具体如下。

第1章，绪论。首先，对国内外家族企业代际传承研究现状和基因应用于社会系统研究现状进行概述；其次，从研究趋势、学术关注度、研究主题、研究不足等方面进行评析，分析将基因理论应用于家族企业代际传承研究的理论意义和实践意义。基于此，提出本书的目标、方法、内容和技术路线。

第2章，相关理论概述。首先，介绍基因的分子结构、基因的中心法则和遗传性变异等基因理论的主要观点，并概述了基因理论在社会系统中的应用情况；其次，介绍扎根理论的主要思想、编码技术程序和分析软件。

第3章，基于基因理论的家族企业代际传承分析框架。从基因视角界定家族企业，并提出家族企业基因的概念、特性和功能。从亚里士多德的"四因说"解析家族企业代际传承活动，阐明家族代际传承的本质是家族企业基因在代际间遗传和变异的过程。然后构建家族企业基因识别—遗传—变异的分析框架。

第4章，家族企业基因要素识别及实证分析。选择九个传承超过四代的家族企业作为代表性案例，为每个企业建立资料库，然后利用扎根理论并借助质化分析软件 MAXQDA 12.0 对每个家族企业历代企业家行为进行编码，确定核心范畴，并构建家族企业基因模型。最后，构建结构方程模型并发放问卷，借助 SPSS 22.0 对模型变量进行相关性检验，用 AMOS 22.0 数据分析软件验证家族企业基因模型。

第5章，家族企业基因的代际传承机理及实证分析。构建家族企业基因传承机理模型，认为家族企业基因传承机理由两部分构成，一是遗传机理，二是变异机理。家族企业基因的遗传机理由复制机理和表达机理构成。首先，构建家族企业基因的复制机理，指出家族企业基因通过言传身教和吸收模仿完成复制。由此，确定家族企业基因复制机理的研究假设，构建计量模型，选择中国上市家族企业数据，借助 STATA 12.0 统计软件验证了家族企业基因复制机理。其次，构建家族企业基因—企业文化—企业软实力的表达机理，指出家族企业基因通过转录为企业文化，企业文化翻译为企业软实力完成表达。由此，确定家族企业基因表达机理的研究假设，构建计量模型，选择中国上市家族企业数据，借助 STATA 12.0 统计软件验证了家族企业基因表达机理。最后，构建家族企业基因重组—企业文化创新—企业软实力提升的变异机理，提出家族企业基因在外部环境和人为干预的双重影响下，通过维持、修正和创造三种路径实现基因重组，形成新的企业文化，提升企业软实力。由此，确定家族企业基因重组机理的研究假设，构建计量模型，选择中国上市家族企业数据，借助 STATA 12.0 统计软件验证了家族企业基因重组机理。

第 6 章，基于基因理论的家族企业代际传承管理对策。对基因要素、基因复制、表达、重组等四个方面的特征进行分析，并提出管理对策。基因要素的管理关键在于基因要素的培养和优化。基因复制的管理关键在于以角色作为载体，采取不同的复制方式进行有次序地复制。基因表达的管理关键在于文化领导、表征和认同，软实力合成和传播。基因重组的管理关键在于战略定位、创造重组条件和建立激励机制。

第 7 章，盛日集团基因代际传承的案例研究。以冯氏集团作为案例，分析家族企业基因要素及代际传承机理。

第 8 章，全书总结与研究展望。

1.4.4　技术路线

本书的技术路线见图 1 - 27。

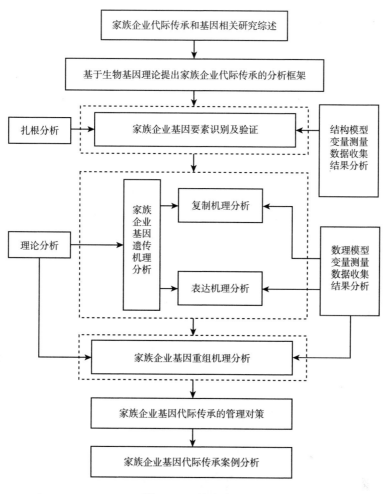

图 1 - 27　技术路线

1.5　本章小结

　　本章首先对国内外家族企业代际传承研究现状和基因应用于社会系统研究现状进行了评析。国内外家族企业代际传承研究得到持续关注，研究文献不断增长、研究主题涉及面很广。但是家族企业代际传承研究在本体论方面，对于"传承什么"缺乏一致性认识，在认识论方面，欠缺将代际传承和企业成长相结合的分析。国内外基因应用于社会系统研究得到持续关注，研究文献快速增长、应用领域涉及政治、经济和文化系统。但是欠缺应用基因理论解释家族企业行为的研究。然后阐明将基因理论应用于家族企业代际传承研究的理论意义和实践意义。基于此，提出本书的目标、方法、内容和技术路线。

第 2 章

相关理论概述

2.1　基因理论

2.1.1　基因的分子结构

基因是具有遗传效应的 DNA 片段。DNA 是脱氧核糖核酸盐结构，由两条反向平行的多核苷酸链相互缠绕形成一个右手的双螺旋。两条螺旋上链接着四种不同的碱基，A 腺嘌呤（adenine）、G 鸟嘌呤（guanine）、C 胞嘧啶（cytosine）、T 胸腺嘧啶（thymine）。在每种生物来源的 DNA 中，A 和 T 的数目总是相等，C 和 G 的数目总是相等，A 和 T、C 和 G 之间存在互补配对关系，[133]见图 2-1。

DNA 分子的外侧由脱氧核糖和磷酸交替连接，构成恒定的骨架，内侧的碱基通过氢键相连，配对稳定，形成了稳定的空间结构。长链中的碱基对的排列顺序是多样的，有 4^N 种排列。所有生物的 DNA 所含的四种碱基都是相同的，区别在于这四种碱基缠绕在 DNA 上的顺序不同。[134]

2.1.2　基因的中心法则

在英语表述中，"基因的"和"遗传的"用的是同一个词——"genetic"。生物个体在传种接代中，亲代将自身的性状特征传递给子代，使得子代具有自己的相似性特征。遗传过程用基因来解释就是控制亲代性状的基因通

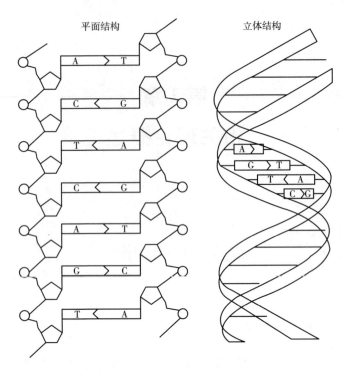

图 2 - 1　DNA 分子的结构

过生殖细胞传递给子代。在遗传过程中，会发生变异现象，也可以通过基因来解释。因此，生物个体的遗传和变异过程转化为基因信息的传递和变化过程。进一步说，控制亲代性状的基因信息在代际间的传递揭示了生物个体遗传过程的本质。

　　承载遗传信息的 DNA 分子首先完成自我复制，然后 DNA 中的遗传信息传递到 RNA 分子，然后再转移到蛋白质分子，完成基因的表达，见图 2 - 2。

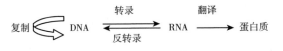

图 2 - 2　基因遗传的中心法则

2.1.2.1　DNA 自我复制

DNA 分子以自己为模板进行复制，这种自我复制能够保证遗传信息的传递的准确性，而 DNA 具有的独特的双螺旋结构和碱基互补配对能原则保证了复制的稳定性和准确性。

2.1.2.2 RNA 的转录

RNA 和 DNA 都是同一类高分子化合物 – 核酸，前者为核糖核酸，后者为脱氧核糖核酸；RNA 和 DNA 都含有四个碱基，DNA 所含有的四个碱基是 A \ G \ C \ T，RNA 则是 A \ G \ C \ U；RNA 也能自我复制。[135] 转录是指在 RNA 聚合酶的作用下，以 DNA 的模板链为模板，以 4 种 NTP 为原料，按照碱基配对规律合成一条与模板链互补的 RNA 链的过程。

在转录过程中，主要形成 3 种类型的 RNA 分子：信使 RNA、转移 RNA、核糖体 RNA。信使 RNA 的功能是把 DNA 上的遗传信息准确无误地记录下来，并完成遗传信息的传递；转移 RNA 的作用是将信使 RNA 的遗传信息依次准确地将它携带的氨基酸连接成多肽链；核糖体 RNA 是以 DNA 为模板合成的单链，是组成核糖体的主要成分，而核糖体是蛋白质合成的中心。[136] 另外，RNA 也会通过反转录，影响 DNA 合成。

2.1.2.3 蛋白质的翻译

翻译是信使 RNA 携带着从 DNA 上转录的遗传密码附着在细胞内的核糖体上，由转移 RNA 运来的各种氨基酸，按照信使 RNA 的密码顺序，相互联结称为多肽链，进一步形成蛋白质分子的过程。蛋白质由 20 种氨基酸构成。DNA 分子中每个碱基是一个密码符号，三个碱基组成三联体密码。每个三联体密码决定一个氨基酸的合成。在所有的生物体中遗传密码以及基本的分子机制都是相同的。

基因自我复制和表达的目的是完成遗传信息的传递。通过自我复制，在传种接代中传递遗传信息，通过转录和翻译，在后代个体发育过程中表达遗传信息。

中心法则的发现使得遗传范式朝向信息遗传转变，人们对遗传的认识转向分子水平。[137] 中心法则揭示了生物遗传、发育和进化的内在联系，为现代生物学理论的大一统奠定了基础。

2.1.3 基因的遗传性变异

基因变异包括遗传性变异和非遗传性变异。遗传性变异是由于细胞内的遗传物质的结构、组成及排列方式改变而产生的性状变异，可以在世代间传递。而非遗传性变异是外部环境导致的，不能在世代间传递。遗传性变异的三个主要来源包括基因重组、突变和染色体变异，见表2-1。

表2-1 三种可遗传变异的比较

因素	基因突变	基因重组	染色体变异
实质	基因结构发生改变	基因的重新组合	染色体的结构和数目发生改变
类型	自然突变 诱发突变	自由组合 交叉互换	染色体结构变异 染色体数目变异
发生时期	DNA复制时（有丝分裂期间和减数第一次分裂期间）	减数第一次分裂的四分体时期及后期	细胞分裂期
适用范围	任何生物均可发生	真核生物有性生殖细胞产生配子时	真核生物细胞增殖过程中均可发生
结果	产生新的基因	产生新的基因型	基因数目或顺序发生变化
意义	是生物变异的根本来源	形成生物多样性的重要原因	对生物进化有一定的意义

2.1.3.1 基因重组

基因重组是指非等位基因间的重新组合。有性生殖过程中性原细胞减数分裂第一次分裂时，等位基因随着同源染色体分离、非同源染色体上的非等位基因自由组合及连锁基因交换。基因重组能产生大量的变异类型，但只产生新的基因型，不产生新的基因。

2.1.3.2 基因突变

基因突变是基因分子结构中的脱氧核苷酸的排列顺序发生改变，导致遗传信息的改变，并通过复制得以保留。DNA进行自我复制时，会有一些分子不忠实的复制。不忠实的复制有时是随机发生的，有时是由于受到外部环境的刺激造成的。不忠实的复制会导致基因的突变。有些突变对性状不会有影响，有些突变则会影响基因的表达，改变基因编码的蛋白质结构，进而性状发生变化，变异就出现了。基因突变频率很低，能产生新的基因。

2.1.3.3 染色体变异

在特定情况下，染色体会发生数目加倍或缺失，染色体结构会发生缺失、重复、倒序、易位等方式。

2.1.4 基因在社会系统中的应用

2.1.4.1 政治基因

国外将基因理论研究于政治行为中，寻找影响政治行为的基因类型及其作用机制，发现个人政治态度、左右思想倾向、社会经济和防务认识以及对于威权政治的态度等都与人类的基因状况密切相关。[138]具体应用于政治态度、[139]政治行为、[140]投票率[141]等方面，并发现"MAOA"基因和"5-HTT"基因影响人类的政治认知和政治行为的具体作用机制、[142]"DRD2"基因能影响人们的党派情感，进而影响投票行为、[143]"DRD4"基因与人们政治意识形态的形成密切相关。[144]人的政治意识形态和政治行为模式除了受到基因的影响外，还受到环境因素的影响。基因能够影响政治观念的代际遗传，并与环境因素一起共同影响人类的政治观点与行为，[145]但是基因对人的影响和环境对人的影响难分伯仲。国内将基因应用于党的历史传统、革命精神、治国理念等方面的研究。

2.1.4.2 企业基因

美国密歇根大学教授提区（Tichy）提出，企业与生物体一样有自己的遗传基因并决定企业的异质性，美国的经济学家理查德·弗朗西斯·高哈特（Francis J. Gouillart）和詹姆斯·凯利（James N. Kelly）提出，企业是"生物法人"的著名论断，美国著名的演化经济学代表人物理查德·R. 纳尔逊（Richard R. Nelson）和悉尼·G. 温特（Sideny G. Winter）将企业定义为一个由组织惯例组成的层级结构，惯例在企业中起着类似基因的功能，执行着传递技能和信息的功能，具有学习效应的获得性遗传特征。[146]随后，企业基因及其构成研究持续进行，具体见表 2-2。

表 2-2　　　　　　　　　　　企业基因概念和结构

企业基因概念	企业基因结构
遗传基因	决策架构和社交架构（Tichy, 1993）[147]
"生物法人"	包含 12 对染色体，每 3 对染色体合成"四要素"之一，每 1 对染色体主掌一个生物法人系统[148]

续表

企业基因概念	企业基因结构
DNA	一个关于程序和结构信息的数据库（Baskin, 2001）[149]；由"组织架构""决策权""激励机制""信息传导"四个要素构成（Neilson, 2004）；[150] 资本和劳动力为双螺旋链，企业家、机制、技术和文化是四个碱基（周晖, 2000）[151]
企业价值链中对业务产出有独立贡献的能力要素	技术、制度、契约、组织框架、决策权、资本、劳动力、战略、网络关系（Aurick et al., 2003）[152]
惯例	信念、意识、资源、能力（许晓明，戴建华, 2008）[153]
家族企业的内生性因素—家族性基因	利己人性、心智模式、利他人性、文化因子四个碱基（刘平青, 2003）[154]
企业文化	"和链"和"谐链"是双螺旋链，理念、制度、技术、工具是四个碱基（李全喜, 2009）[155]
决定企业的基本稳定形态和发展、乃至变异的种种特征的内在因素	文化和人力资源是双螺旋链、制度、管理方式、技术、非人力资源是四个碱基（李欲晓, 2007）[156]
企业或组织与生俱来的、可以决定企业的功能结构和一切生产经营活动的最基本元素	有个体 DNA 和企业 DNA 构成（金占明、杨鑫, 2011）[157]
决定企业成长的功能要素	知识链和资本链构成双螺旋链，连接着企业家、制度、技术和产品四个碱基（刘睿智, 2014）[158]

2.1.4.3　文化基因

英国著名生物学家和行为生态学家理查德·道金斯（Richard Dawkins）首次将基因理论用于文化系统研究中。他认为，文化也有类似于生物基因的复制特点，并创造了"meme"一词来解释文化复制行为。[159] 自此以后，国外学者从传播学视角展开有关"meme"（国内学者翻译为"谜米"或"模因"）的研究。道金斯的学生苏珊·布莱克摩尔（Susan Blackmore）于1998年出版《谜米机器——文化之社会传递过程的"基因学"》一书，希望建立一种"谜米学"理论，以此来解读人类文化的进化。该书的核心观点是人既是生物基因的机器，也是文化"谜米"的机器，只有基于遗传的基因复制和基于模仿的文化复制共同存在才可以构成完整的"人"。[160] 随着研究的推进，"谜米学"或者"模因论"（memetics）确定了核心概念、假设和解释框架。"谜米学"理论假设文化要素由"谜米"或"模因"构成，文化变化的本质是"模因"经常和持续的变化。"模因"作为一种信息单位，以模仿的方式进行社会传播，实现复制过程。"谜米学"理论尝试用一种新规范模式，把文化遗传的作用整合到生物进化进程中。这种尝试获得成功，模因论在人文和社会科学领域得到了不同程度的应用。

2.2　扎根理论

2.2.1　扎根理论的主要思想与核心原则

2.2.1.1　扎根理论的主要思想

20 世纪 60 年代，哥伦比亚大学的斯特劳斯（Strauss）和格拉斯（Glaser）开始质疑社会科学与自然科学在研究对象上不加区分的做法，认为社会研究旨在揭示社会行为背后业已存在且普遍适用的解释，而追求"宏大理论"（Grand Theory）的流行假定是不合适的。斯特劳斯和格拉斯从早期的符号互动理论和实证主义中寻找理论支撑。早期的符号互动理论和实证主义认为科学真理既源于观察，也源于科学共同体内对观察作出解释的学者间所达成的共识。在实用主义取向的社会科学研究中，经验"事实"被视作对致力于共同观察事业中的个体研究者所阐发之意义的不断诠释。1967 年，他们在经典著作《扎根理论的发现》中提出扎根理论（Grounded Theory），主张密切关注"真实场景中的日常事实（实际上正在发生的）"和参与其中的人们（"行动者"）对日常事实诠释之间的差异，由此可能发展出新的理论。[161]扎根理论试图对多个人的行为模式进行研究，发展一个理论来揭示个体之间的行动、互动和社会过程。

扎根理论是一种从资料中发现理论的方法论，即经由质化方法来建立理论。随着研究的深入，扎根理论形成了一套比较完整的方法论体系。扎根理论可以使用任何数据，通常为期刊文献、文本、话语、图像和视频等。通过开放式、轴式和解释性编码把原有的资料打碎，遵循定义现象、建立概念和范畴的分析步骤，构建一个逻辑范式或描绘一个理论图像。扎根理论遵循规范严谨的研究程序扎根于经验数据，其研究结果不仅能够被追溯检查，甚至可以实现重复检验。因此，扎根理论的理论构建是一个科学的过程，提高了研究结果的信度和结论的解释力。

扎根理论实现了社会研究中系统性地获得与分析资料以发现理论，保证其符合实际情境并能提供相关的预测、说明、解释与应用的目标。因此，扎根理论方法论的创立和发展被认为是定性研究的重大突破。扎根理论的方法论优势使其迅速从社会学扩散到护理学、教育学、宗教学和管理学等领域。[162]

2.2.1.2 扎根理论的核心原则

1. 往复比较（constant comparison）。往复比较是扎根理论的主要方法，贯穿研究的全过程。往复比较从资料、概念类属、初步理论三个层面展开。首先，对资料进行编码，将资料归到尽可能多的概念类属下面，然后比较相同和不同概念类属中编码过的资料，确定每一个概念类属的属性。[163]其次，整合有关概念类属及其属性，同时比较这些概念类属，构建它们之间的内在关系。[167]最后，创立初步的理论，返回到原始资料验证该理论并不断优化，直到该理论能够解释绝大部分的原始资料。[164]

2. 理论取样（theoretical sampling）。为了在理论形成的同时发展理论，数据分析者需要同时收集、编码并分析数据，并决定下一步要收集的数据类型和来源。理论取样是一种建立在概念基础上的资料收集方法，这些概念也来自资料。理论取样的目的是从地点、人物和事件来收集资料，最大化地从属性和维度上形成概念、揭示变量以及寻找概念之间的关系。[166]理论取样意味着数据收集的方向不是由预先的假设所引导，而是由对数据持有不断的解释和涌现的概念类属所决定。当追加的数据已经不能增加新的范畴或检验已有的范畴时，理论取样过程结束。这个数据收集过程由正在形成的实质或形式理论所控制（Glaser，1978）。[167]

3. 类属饱和（category saturation）。类属是更高层次的概念，分析者将低层次的概念根据共同属性组织在一起置于其下。饱和指的是没有新的资料、新的类属及其属性和维度、新的概念之间的关系等出现。研究者必须不断地搜集数据直到不再有新证据出现，这个过程被称为类属饱和。类属饱和是扎根理论的主要验证方式之一。

4. 理论饱和（theoretical saturation）。当数据分析者获取的新数据，不能进一步发展某一个范畴时，就达到理论饱和状态。

5. 备忘录（memo writing）。研究人员需要随时记录自己对于所做研究的思考，尤其是对有关人物事件概念和范畴的灵感和困惑。备忘录的写作不仅能为理论采样提供线索，也能捕捉和追踪正在发展的理论，形成理论大纲。但是备忘录是概念化的整理，不是数据整理（Glaser，1978）。

2.2.2　扎根理论的编码技术程序

扎根理论方法遵循的是归纳逻辑而不是演绎逻辑，不需要研究者对事先设定的假设进行逻辑推演，而是对资料中的句子、对话进行归纳研究，然后进行理论抽象。扎根理论的代表人物科宾（Corbin）和斯特劳斯在 1990 年提出了扎根理论的译码技术程序，[168]格拉斯（Glaser）认为，如果研究者对资料数据的分析能够遵循一套比较完善的程序，那么研究的结论就能有较高的可靠性，进而满足研究结论的推广性、复制性、准确性、严谨性以及可验证性。[169]科宾和斯特劳斯的译码技术程序见图 2 - 3。

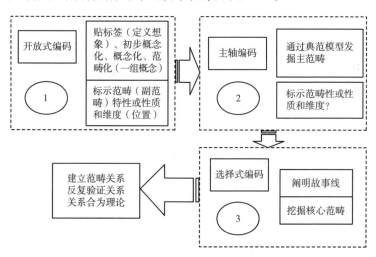

图 2 - 3　扎根理论的译码技术程序

2.2.2.1 开放式编码

开放式编码（open coding）的目的在于形成概念和范畴。具体步骤包括以下四个方面。第一步，确定编码的最小单位。第二步，对资料的逐行或逐段贴标签并进行概念化。在确定概念名称时，研究者既可以借用已有文献的概念，或使用当事人的原话，也可以用自己的语言进行命名，不用担心这个命名是否合适。第三步，得到一些概念后，根据其属性特征将其归在一个更高抽象水平的概念之下，形成范畴。第四步，界定范畴的性质和维度，确保概念到范畴提炼过程的科学性。

2.2.2.2 主轴编码

主轴编码（axial coding）的目的在于理清各个概念及其相互关系，整合出更高抽象层次范畴。在扎根理论中通常采用典范分析模型"条件/原因 - 行动/互动策略 - 结果"来分析各个范畴之间的逻辑关系，进一步对范畴进行归类，提炼出主要范畴，见图 2 - 4。在对概念类属进行关联性分析时，研究者不仅要考虑概念类属之间的关系，还要将被研究者的言语放到当时的语境及其社会文化背景中，思考表达这些概念类属的被研究者的意图和动机。[170]

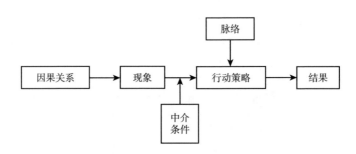

图 2 - 4　典型分析模型

2.2.2.3 选择式编码

选择式编码（selective coding）的目的在于发现核心范畴。扎根理论认为，核心范畴具有如下特征：核心性，即某个范畴与其他的范畴及其属性有很强的相关性；频繁重现性，即经常出现；解释力强，即能够解释大部分研究对象的行为模式；易于与其他变量产生联系并具有意义。解释性译码的主要步骤包括：明确资料的故事线；描述主次范畴及其属性和维度；挑选核心范畴，在核心范畴和主范畴之间建立系统的联系[171]，并用资料进行验证。

经过上述步骤，最终形成一个以核心范畴、主副范畴以及所有范畴和概念为中心的立体网络关系，就是研究的结论。

2.2.3 MAXQDA 12.0 分析软件

2007 年，美国 Sage 图书出版公司创办的《混合研究方法期刊》（*Journal of Methods Research*）成为国外学者探讨混合研究方法的重要平台，共同推进跨学科与跨哲学和方法论。目前，《混合研究方法期刊》共介绍过三十多种质性数据分析软件（Qualitative Data Analysis），其中 MAXQDA 软件成为全球质性资料分析的领导者之一。MAXQDA 是一套先进的专业文本分析，也是专业的质性资料分析和资料管理软件，能帮助研究者有效地执行质性资料分析和诠释文本。

MAXQDA 由 Verbi Software 公司 1989 年开发，最新的版本是 MAXQDA 12.0。MAXQDA 12.0 的基本功能包括编码管理、备忘录管理、搜寻管理、变项管理、专案管理、可视化工具管理等。[172]目前，MAXQDA 软件被广泛应用于社会学、政治学、心理学、人类学、教育、经济学、公共卫生等多个领域，是分析质性资料时最强的工具。[173]

扎根理论研究的代表学者科宾和斯特劳斯（Corbin and Strauss，2015）的《质性研究的基础：形成扎根理论的程序和方法》一书的最新版中，选择了 MAXQDA 分析软件。另外，MAXQDA 12.0 和国内学者经常使用的 Atlas. ti、Nvivo 软件相比，界面非常友好，操作流畅，因此，本书选择 MAXQDA 12.0 进行质性数据的分析。

2.3 本章小结

本章首先介绍基因理论的核心要点。基因是具有遗传效应的 DNA 片段，基因的分子结构由双螺旋链接四种配对碱基组成。基因所承载的遗传信息经过复制、转录和翻译三个步骤完成遗传过程。基因可遗传性变异有基因重组、基因突变和染色体变异三个主要来源。基因理论在社会系统中的应用主要表现在文化政治基因、企业基因和文化基因等方面。然后介绍扎根理论的主要思想、核心原则、编码技术程序和分析软件。扎根理论方法是一种运用翔实的资料自下而上建立理论的方法，中心原则包括理论取样、往复比较、类属饱和、理论饱和备忘录，编码技术程序包括开放式编码、主轴编码和选择式编码，常用分析软件为 MAXQDA 12.0。

第 3 章

基于基因理论的家族企业
代际传承分析框架

3.1 家族企业的定义

家族企业定义分为参与论和本质论两派（Chrisman et al.，1999）。[174]参与论学派通常采取一个操作性的定义来反映家族在企业所有权、治理权、管理权和代际内传承等方面的参与程度；本质论学派认为，家族企业的界定不能仅仅凭借家族是否参与企业活动，而是要分析家族参与后给企业带来一些独特性的东西。

3.1.1 基于参与论的家族企业定义

从家族成员拥有所有权的程度界定，个人或家族拥有控制权的企业就是家族企业（Gercik，1997）。[175]创业家族拥有控制权是家族企业最基本、最核心的特征，也是"家族企业"与"非家族企业"的基本识别标准（金祥荣和余立智，2002）。[176]但是，家族成员对企业所有权和控制权保持拥有的一个连续分布状态，企业上市前家族成员紧密持有企业的所有权与控制权，而上市后，家族成员对企业保持临界控制权（储小平，2004）。[177]从家族成员拥有关键职位的决策权界定，家族企业由一名以上同姓氏人员担任企业的总经理等核心管理职位，并且与企业所有者保持密切关系（Daily and Dollinger，1993）。[178]从家族成员参与企业传承界定，家族企业由两代以上同家族成员参与公司经营管理，且该家族代际传承能够使得公司政策与家族的利益和目标之间相互产生影响（Donnelley，1964）。[179]将上述维度综合起来界定，由来自同一个家庭或者少数几个家庭的成员为了塑造和追求企业的愿景，以一种可以代际持续的方式控制一个统治联盟来治理和管理的企业就是家族企业（Chua et al.，2010）。[180]或者，家族拥有足够的所有权能决定董事会的组成，其中至少有一个高管是家族成员；董事会有意图把企业传承给下一代（Miller et al.，2003）。[181]

基于上述维度，从家族占有所有权的具体比例、家族成员参与管理的人数、代际传承的代数等进来量化处理，设定家族企业的操作化定义。家族成员拥有企业财产所有权或股权大于60%的企业才是家族企业，但临界控制权比例可以根据不同国家和地区的情况，确定为10%、20%、30%和40%。最有代表型的操作化定义是F-PEC量表（Astrachan，Klein and Smyrnios，2002），以权力（power）、经历（experience）和文化（culture）三个维度对家族影响企业进行连续评价，而不是仅限于作为一种严格的归类变量（是/否）。[182]国内家族企业研究著名学者李新春（2004）也认为，以一个连续变量替代二分变量有助于解决家族企业研究中的定义问题，并以"态度－行为"框架来界定家族企业。"态度"作为"隐性"维度，衡量家族影响企业管理行为的意愿；"行为"作为"显性"维度，具体表现在"家族在所有权、控制权、管理权及继任"等行为要素上的特征差异，以体现企业在组织和管理上的家族化程度。[183]

3.1.2 基于本质论的家族企业定义

从家族参与企业所有权、治理权、管理权、代际传承等不同程度界定的家族企业定义缺乏一个理论基础，不能解释家族参与为什么对企业产生积极的效果（Chrisman et al.，2005）。[184]从不同理论视角出发，家族企业确实给企业带来了独特的影响。基于企业战略，家族对企业战略方向产生影响（Davis and Tagiuri，1989）；[185]基于家族和企业的隶属关系，家族有控制企业的意图（Litz，1995）；[186]基于计划行为理论，家族对企业产生的积极影响（Chrisma et al.，1999）；基于能力视角，家族参与和家族内部的相互作用给企业带来了稀缺的、不可分割的、协作的资源和能力（James et al.，2003）。[187]

从家族企业这四个字的构成看，"家族"是"企业"的修饰性定语，让人很自然地想到家族对企业的作用。所以从家族参与程度来界定家族企业成为家族企业研究者普遍接受的定义方法。这种定义方法具有较强的可操作性，便于研究者将家族企业与非家族企业区分开。但是家族对企业产生积极影响的本质原因是什么呢？家族企业参与论和本质论定义没有给出合理的解释。本书认为，仅仅考虑家族参与企业的程度，并不能解释家族企业特殊性的根源，家族企业定义需要从本质论范畴来解释家族对企业产生影响的原因。

3.1.3　基于基因论的家族企业定义

参与论和本质论视角的家族企业定义均有一个隐性前提，即家族企业是一个"经济人"。但是控制企业的家族是一个由有血缘和亲缘关系构成的群体，而血缘关系有其生物学基础，因此，家族企业天然是一个"生物人"。每个家族的构成人员有相似的生活经历，有相似的文化体验，并存在不断传承的文化规范和行为模式。家族成员在经营企业的过程中，必然会把家族的一些文化理念带入企业中。因此，家族企业是一个"文化人"。从世界上的长寿家族企业看，他们的一个共同特点就是在企业的发展的同时带动周边社区的共同富裕，非常注重社会责任。从这个角度看，家族企业是一个"社会人"。因此，家族企业是由"生物人""经济人""文化人""社会人"构成的综合体，生物性是其他几个属性的基础。我们对家族企业的剖析也应该立足生物性。

自从 20 世纪 80 年代基因结构发现以来，基因科学发展迅速，并随之诞生了社会生物学新学科。社会生物学认为决定生物进化和人类社会发展的根本力量是基因，基因操纵行为。受此思想的启发，企业组织理论中出现了企业基因学说。企业基因学说认为基因是企业成长和演化的本质要素。本书借鉴企业基因学说的观点，认为基因是决定家族企业成长的决定因素，并将家族企业界定为一种由家族性基因控制的企业组织形态。

这一定义有几层意思。从"经济人"属性看，家族企业是由家族性基因主导企业资源配置并获取最大效率。从"生物人"属性看，家族企业作为一个类生命体，其生存和发展状态是由其基因决定。从"文化人"属性看，决定家族企业生存和发展状态的基因既有生物属性也有文化属性。从"社会人"属性看，家族性基因天然具有的自私性决定了企业的家族性。从家族企业系统看，家族企业基因是家族企业系统的内在结构，决定家族企业系统的表层行为。

基于基因视角的家族企业定义具有一定的科学性、适用性。

3.1.3.1 突出家族企业的生物性、文化性特征

回归家族企业的本源，家族企业的生物性是不言自明的，但却是学者们忽略的。而基于生物性的家族企业行为显然具有文化性特征，正如人类行为具有基因性和文化性的双重特点。

3.1.3.2 强调家族性因素对企业的决定性影响

现有的家族企业定义主要是界定家族对企业的参与程度或给企业带来某些方面的影响，但是没有从家族企业演化的视角思考家族企业发展的根本驱动力。而本书给出的家族企业定义表明诞生于家族兼顾生物性和文化性的家族性基因是家族企业的根本驱动因素。

3.1.3.3 体现家族参与或影响企业的目的

家族企业参与论和家族企业本质论都没有回答家族为什么要参与企业或者对企业施加某种程度的影响。即便是盖尔西克（Gersick）著名的家族企业三环结构，明确界定了家族企业系统的三个层级及相互影响，但是盖尔西克只是解释了家族企业存在着三个子系统，并没有解释这三个子系统背后的控制力量，没有解释三个子系统行为之所以产生的根源。家族性基因的提出回答了家族参与或影响企业的目的。

因此，用家族性基因来解释家族企业的行为，为解答家族对企业行为的影响提供了科学的理论基础，能够从根本上解释家族为什么对企业行为产生积极的影响。

3.2 家族企业基因的概念、特性与功能

3.2.1 家族企业基因的概念

家族企业基因能够对家族企业生存和发展产生决定性影响，显然是一种接近本质、核心的要素，而不是单个的"人"，或者按照特定的规则组成的"组织单元"（或称"团队"），也不是其他的"物"的因素或具有"社会"性质的规则因素。基于家族企业的经济性、社会性、生物性和文化性兼有的特征，家族企业的本质、核心要素应该界定为价值范畴。因此，本书将家族企业基因界定为家族涉入企业经营管理活动而形成的价值体系。通常，家族第一代企业家在企业经营管理活动中形成的价值观，经过家族后续继任者的不断传承和创新，成为家族企业生存和发展的本质要素。家族企业基因包含如下意义。

3.2.1.1 反映家族对企业行为的独特性和持续性的影响

家族企业基因是家族系统和企业系统交互的结果，具有双系统特性。但是家族企业基因根源于家族，是第一代企业家协同其他家族成员从事企业经营管理活动而形成的独特性价值观。家族企业基因是几代家族企业家或家族成员不断传承和创新的结果。家族企业基因历经多代累计形成并保持在企业中，对企业产生持续性影响。因此，家族企业基因能够给企业带来独特性和持续性的影响，帮助家族企业跨越代际而成长。

3.2.1.2 揭示家族企业持久性的核心竞争力

从资源基础观看，家族企业的核心竞争力来自独特性、稀缺性、不易模仿性的资源。从动态能力理论看，家族企业的核心竞争力来自动态整合资源的能力。但是家族企业拥有的独特资源和能力最终来源于家族企业及其家族成员对企业的影响。不仅如此，家族企业拥有独特资源及其整合能力最终受到价值观念的影响。因此，家族企业基因构成企业持久性的核心竞争力。

3.2.1.3 揭示家族企业进化的遗传密码

家族企业的进化进程犹如"抽枝和剪枝",但是家族企业基因好比自然界的遗传密码,在企业进化过程中保持不变。

3.2.2 家族企业基因的特性

3.2.2.1 结构性

家族企业基因是一个结构性概念,组成家族企业基因的要素基于相互联系构成一个稳定的结构。家族企业基因的稳定性是通过结构来实现的。在家族企业基因遗传和变异过程中,家族企业基因的结构不会发生改变。家族企业基因结构如果发生改变,家族企业就不再是原来的家族企业。

3.2.2.2 多维性

家族企业基因有价值、规则和行为模式三个维度,构成本质层、表现层和显性层三个层面。本质层是一种价值结构,属于意识形态范畴;家族企业基因表现层是一组核心规则,属于制度范畴;家族企业显性层是一套行为模式,属于行为范畴。

3.2.2.3 文化性

家族企业基因作为家族第一代企业家的价值观,由家族继任者发挥主体能动性,不断传承和创新,因此,家族企业基因的形成本身就具有文化性。家族企业基因向企业系统扩散过程中,必须借助文化认同机制,才能影响或者支配企业利益相关者的行为模式。因此,家族企业基因的传递也是一种文化行为。

3.2.2.4 稳定性

家族企业基因具有一定的稳定性。因为只有保持一定的稳定性,家族企业性状才能比较稳定地传递给下一代,保证适应环境变化能力强的性状得以延续。

3.2.2.5 可遗传性

家族企业基因能够在代际之间传递,只不过传递的主体、空间、路径不同于生物基因。家族企业基因的传递是由不同的主体在不同情境下通过信息的互动和交流实现的。

3.2.2.6　可变异性

家族企业基因可以选择主动性变异行为，以适应经营环境的动态变化。因为法国博物学家拉马克（Lamarck）认为，生物可以选择主动性变异，通过自身学习以获得自身对环境的适应性。这种主动变异行为和传统的达尔文主义的被动性选择行为相反，强调了生物的主动性，而后者强调了环境的决定性。[188]

3.2.2.7　广泛分布性

生物基因广泛存在于生命体的无数细胞中，家族企业基因同样广泛存在于家族企业的各种活动中，家族企业的一切行为背后都有基因的影子。

3.2.3　家族企业基因的功能

家族企业基因存在的目的是发挥其功能推动企业成长，具体功能有以下几个方面。

3.2.3.1　控制功能

家族企业基因通过隐性规则和显性行为模式，控制家族企业的生命活动。并且家族企业基因将家族企业生命体的遗传信息传递给下一代，进而决定家族企业未来可持续成长的方向。

3.2.3.2　配置功能

家族企业基因在企业资源配置中起基础作用，不仅决定企业内部资源的配置方式，还决定如何从外部环境中辨别资源、获取所需资源。家族企业基因越强大，资源配置功能越强。

3.2.3.3　创新功能

家族企业基因自身的可变异性引发企业内部的创新活动，确定企业内部创新路径，帮助家族企业适应环境的变化。

3.2.3.4　价值功能

家族企业基因作为一种价值体系，体现了企业的终极价值取向。企业的终极价值取向是企业所有员工的共识性价值观，能够整合员工行为，提高组织凝聚力。家族企业基因的存在和延续维持着企业共有价值观的基本模式，并使其在企业系统内保持制度化。

3.3 家族企业基因代际传承的内在规定性

家族企业代际传承的出现必须有其条件，即原因。一般来说，从哲学层面分析事物的起因、变化，依次从本体论、认识论和方法论三个维度展开，本体论分析是基础。本体论维度是一元性的，回答家族企业代际传承之所以成为此种存在的缘由，是对家族企业代际传承"存在"的理解。家族企业代际传承的本体分析回答的是家族企业代际传承的"为什么"。著名的哲学家、思想家亚里士多德（Aristotle）认为："我们只有在认识了事物的本因、本原直至元素时，我们才认为是了解了这一事物"，并提出"四因说"即"质料、形式、动力、目的"来回答"为什么"这个问题。[189]这里的"四因"指构成事物存在的条件，而非现代所指的因果关系。

质料作为事物存在的物质性基础，与事物的形成、存在、演化紧密相关。质料因是构成事物根基的原因，即事物由之所成并因之成长，在运动中继续保持存在的核心要素，在事物发展过程中，不会因为外在形式的改变而改变。[190]形式指表达本质定义的形式或原型，以及它们的类属，也是一种原因。形式因有两层含义：一是内在形式（eidos），事物的本质属性；二是外在形式（morphe），事物结构的表现形式。驱使事物运动，引起变化着的事物就是动力因。[191]"为了什么目的"，即目的因。[192]

3.3.1 质料因

家族企业是一个动态演化系统。通过代际传承打破旧的秩序和结构，家族企业从旧系统向新系统转变。从前面的家族企业定义中得知，家族企业是由家族企业基因控制的生命系统，家族企业基因决定和控制家族企业的演化。代际传承作为家族企业系统演化的关键节点，其任务就是将家族企业基因从家族企业旧系统转移到新系统。

家族企业基因促成家族企业的诞生和成长，在家族企业发展和代际更替中继续保持存在，不会因为外在形式的改变而改变，家族企业代际传承的"质料"为家族企业基因。因为家族企业基因揭示了家族企业代际传承的本质，而权力、知识、精神等则体现的是家族企业代际传承的特性。因为一个命题中谓词可以和主词换位，那么就应该是定义或者特性；如果谓词揭示了主词的本质，它就是定义，如果没有揭示本质，则是特性。[193]"家族企业代际传承是领导权的传递""家族企业代际传承是隐性知识、社会资本、企业家精神的传递"等类似命题，把谓词和主词换位后，则是"领导权的传递是家族企业代际传承""隐性知识、社会资本、企业家精神的传递是家族企业代际传承"，显然，领导权、隐性知识、社会资本、企业家精神的传递只是家族企业代际传承的特性，不是本质。因为领导权、隐性知识、社会资本、企业家精神等没有揭示出决定家族企业演化的核心要素。家族企业代际传承内在的本质特性应该能够体现出家族企业代际传承的特有属性。那么家族企业代际传承的特有属性应该从家族企业自身来讨论。家族企业的独特性在于家族因素涉入企业经营管理，那么代际传承行为的本质特性势必根源于家族因素对企业的影响。

3.3.2　形式因

家族企业代际传承的形式因要表达本质定义的形式或原型，以及它们的类属，有内在形式和外在形式两种。由质料因分析得知，家族企业代际传承的内在形式是家族企业基因传承。家族企业基因传承的外在形式有两种：一是由家族企业基因多维性决定的表现形式；二是由家族企业基因结构性决定的表现形式。家族企业基因有三个维度基因、规则和行为模式，其中，规则和行为模式是家族企业基因的外部表现，也是家族企业代际传承的外部形式。不同家族企业有不同的代际传承形式，但都是由家族企业基因主导的规则和行为模式在不同情景下的表现形式 。

权力传承、默会知识传承、企业家精神传承或者社会资本传承并没有指出其外在的表现形式，对家族企业代际传承存在的理解不够充分。家族企业基因传承和权力传承、默会知识传承、企业家精神传承或者社会资本传承的关系，可以理解为内在形式和外在表现的关系。由质料因分析得知，权力、默会知识、企业家精神或者社会资本等传承体现了家族企业代际传承的个别特性，而家族企业基因传承体现了家族企业代际传承的本质特性。因此，权力传承、企业家精神传承、默会知识传承、社会资本传承以及其他类型传承均是家族企业基因传承的外在表达形式。并且家族企业基因作为一个结构性概念，其由多个核心要素构成。家族企业的权力、企业家精神、默会知识、社会资本都可以看作家族企业基因的构成要素。

3.3.3 动力因

家族企业代际传承的动力因有两种，即内在动力和外在动力。一方面，决定家族企业生命体演化的基因有其内在的遗传和变异动力，来自家族企业现任者的意愿和企业自身发展需要；另一方面，家族企业之间的生存斗争、家族企业和其他企业组织的竞争或协作、家族企业生存的外部环境因素等共同推动家族企业必须进行代际传承。家族企业代际传承的内力是一种生理性遗传驱动力，是初始动因，而外力则指生态驱动力，它们都是一种次生动因。

家族企业现任者启动并主导家族企业代际传承活动，因此，家族企业现任者的"主导力"即内部动力因。家族企业外部环境的变化也同时推动家族企业的发展和代际更替，在特殊时期，外部环境的推动力更为明显。但是，权力传承、企业家精神传承、默会知识传承、社会资本传承等研究均默认家族企业现任者是代际传承的动力，而忽略了外部环境的推动力。

本书认为，家族企业作为一个生命有机体，必然遵循自然选择的进化规则，依据环境的变化推动自身的代际传承。尽管家族企业和一般生命有机体相比，具有自主选择意识，但是不能忽视环境对自主选择的推动作用。因此，家族企业代际传承的动力因既来自企业内部也来自企业外部。家族企业基因传承既体现了内部动力，也体现了外部动力。

3.3.4 目的因

家族企业天然固有的家族性决定了家族企业代际传承的目的源自人类的天性。虽然美国家族企业代际传承研究的著名学者之一——兰斯伯格（Lansberg）认为，父母将他们一生所从事和建立的事业传递给他们的子孙，并代代相传，是其希望和梦想永续的最好方式，这是人类的天性。[194]但是本书认为，人类的天性是一种人类的原始欲望和生存需求，即建构自己的领地王国，实现家族的代代繁衍。家族企业代际传承的目的就是保护创立的家族企业领地，实现企业可持续发展。从目的因看，权力传承、企业家精神传承、默会知识传承、社会资本传承和家族企业基因传承一样，都是为了保护创立的家族企业领地，实现企业可持续发展。

综上所述，家族企业代际传承是质料、形式、动力和目的的统一，其自身是多种生命层次运动的复合，也是诸多类型运动的复合。将家族企业基因传承和权力传承、企业家精神传承、默会知识传承、社会资本传承从质料因、形式因、动力因和目的因四个方面比较，见表 3 – 1，发现家族企业基因传承了揭示家族企业代际传承的本质，即内在规定性。

表 3 – 1　　　　　家族企业基因传承和权力、企业家精神、
默会知识、社会资本等传承的比较

类型	质料因	形式因	动力因	目的因
基因传承	家族企业基因	规则、行为模式	现任者、企业自身、环境	实现企业可持续发展
权力传承	所有权、控制权、管理权等	无	现任者	实现企业可持续发展
企业家精神传承	企业家精神	无	现任者	实现企业可持续发展
默会知识传承	默会知识	无	现任者	实现企业可持续发展
社会资本传承	社会资本	无	现任者	实现企业可持续发展

3.4　家族企业基因代际传承的特性

3.4.1　家族企业基因代际传承的一般特性

3.4.1.1　更替性

家族企业基因代际传承主导家族企业系统状态从旧的状态向新的状态

转变。家族企业基因在代际间传递顺利与否决定家族企业系统更新的效果。如果在家族企业基因代际传承中，只是局部或者少数几个要素的传递成功，这时家族企业旧状态已经进行了局部调整，而新的状态又没有形成，家族企业的发展出现混乱状态。只有家族企业基因要素均传递成功，家族企业系统新状态才会出现。

3.4.1.2 阶段性

家族企业基因传承是一个长期的过程，必须划分为几个阶段，才能认识其传承特征。既可以从基因角度划分为形成、遗传和变异等诸多阶段，也可以从家族企业基因遗传和变异的参与主体的生命周期划分为几个阶段。无论哪种划分方式，每个阶段都应该具有自身的显著特征。

3.4.1.3 情景性

家族企业基因传承发生于家族和企业情景中，与家族或者企业有关的情景因素均会制约和影响基因传承。在诸多情景因素中，文化差异对家族企业基因传承的影响最大。

3.4.1.4 多样性

多样性既指参与基因传承的主体是多样的，又指基因传承模式是多样化的。基因传承主体是一种作为实践性存在的人，进而决定基因传承的实践性。家族企业基因传承活动是不同主体实践行为的产物。在传承实践中，主体要素和客体要素相互融合，合规律性与合目的性相互融合。[195]家族企业基因传承有多个主体，除了现任者和继任者外，还有企业内外利益相关者。股东、董事等高管在基因传承中扮演着重要角色。因为家族企业的特性和环境因素的差异，传承主体可以创造各种合适的传承模式选择多种基因传承模式。

3.4.1.5 互动性

家族企业基因传承是主体之间通过互动完成。主体之间的互动效果直接决定基因传承的准确性。互动效果受到参与主体个人特质、互动情景、关系质量等多种因素的影响。

3.4.2 家族企业基因代际传承的本质特性

本质特性"被设定为与其他所有事物相关且又使一事物区别于其他所

有事物的东西"，[196]并且一个个体的起源（或构成的材料）对于该个体是本质的。[197]因此，家族企业基因代际传承的本质特性应该回到家族企业基因特性本身分析。因为家族企业及其代际传承的起源，即家族企业基因。家族企业基因兼有可遗传性和可变异性特征体现了家族企业基因传承的独特性。因此，家族企业代际传承的本质体现为家族企业基因在代际间的遗传和变异过程。根据道金斯的观点，人类社会的演变是基因和文化协同作用的结果。家族企业基因传承以生物基因为纽带的传承活动，同时也是家族文化和企业文化基因为表现形态的传承活动。因此，家族企业基因传承既是家族生物基因的遗传和变异过程，又是文化基因的遗传和变异过程。

　　家族企业基因遗传和变异共存的特性体现了事物的对立统一关系。家族企业基因传承在遗传和变异过程中走向统一。遗传和变异是一对对立统一体，遗传是家族企业特性的留存和传递，确保家族企业的稳定；变异是家族企业基因要素的变化，力求家族企业的发展。遗传和变异是对立的，但又是可以相互转化的，某个变异因素成为遗传因素传承下去；两者统一于家族企业基因传承的实践。就变异过程而言，继任者是变异的主体，既需要继承家族企业基因又需要为基因增加新的内容。家族企业基因变异是一种继承基础上的创新过程。继承是一种"取舍"，接续原有事物中合理部分；创新是一种"扬弃"，对否定原有事物中不合理部分，引发旧事物向新事物转变，两者之间是既对立又统一的关系。家族企业的继承和创新相互依存、相互作用，并在一定条件下相互转化。通过继承—创新—再继承—再创新的循环往复，家族企业实现由肯定到否定再到否定之否定的辩证发展过程。

3.5　家族企业基因代际传承分析框架

　　基于生物基因理论构建家族企业基因代际传承分析框架见图 3－1。首先，确定家族企业基因。其次，分析家族企业基因在状态稳定和状态被改变的条件下，家族企业遗传信息的复制、遗传信息的表达中介和表达产物，在此基础上，分析家族企业遗传信息借助表达中介传导完成表达的传导机制。最后，分析各个阶段的特征，并提出相应管理对策。

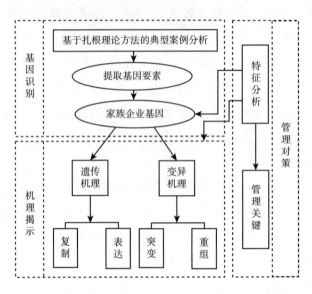

图 3 – 1　生物学视角下家族企业基因代际传承的分析框架

3.6　本章小结

　　本章首先从基因视角将家族企业界定为一种由家族企业基因控制的企业组织形态，指出该定义突出了家族企业的生物性、文化性特征，强调了家族性因素对企业的决定性影响、体现了家族参与或影响企业的目的，具有一定科学性和适用性。在此基础上，提出家族企业基因概念、特性和功能。家族企业基因是家族涉入企业经营管理活动而形成的价值体系，并指出该定义能够反映家族对企业行为所产生的独特性和持续性的影响，揭示家族企业持久性的核心竞争力和进化的遗传密码。家族企业基因具有结构性、多维性、文化性、稳定性、可遗传性、可变异性和广泛分布性等特征，对企业成长发挥着控制、配置、创新和价值功能。借助亚里士多德的"四

因说"，从"质料因""形式因""动力因""目的因"辨析家族企业基因代
际传承具有内在规定性，并指出家族企业基因代际传承具有更替性、阶段
性、情景性、多样性和互动性等一般特性，具有遗传和变异相统一的本质
特性。最后，从家族企业基因识别、机理揭示和管理对策三个层面构建了
一个基于生物学视角家族企业基因代际传承分析框架。

第4章

家族企业基因要素识别及实证分析

4.1　研究设计

4.1.1　研究框架

家族企业基因要素识别包括确定观测对象、样本特征和扎根分析，见图4-1。

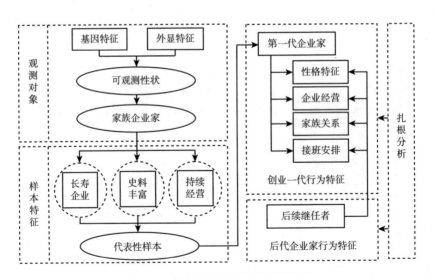

图4-1　家族企业基因要素识别路径

4.1.1.1　观测对象

企业基因理论研究的大多数学者是从影响企业经营活动的诸多要素中筛选基因要素，但是企业的要素不能直接等于企业基因。企业要素是企业经营管理活动的构件，不是企业生存和发展的本质特征。根据生物学的基因特性，企业基因应该是决定企业个体性状的最小功能单位，能独立发挥作用，并具有一定的稳定性的东西。因此，商业模式、组织结构、企业文化这种外延很大的概念不适合企业基因的特性。企业基因应该具备决定企业个体性状的最小功能单位，这个最小功能单位如果再细分，就不能单独完成基本的企业个体性状调节功能。这个最小功能单位不是一个具体物质实体，应该是一个抽象的概念。家族企业基因作为历代家族企业家累计形成的有关企业经营的价值观结构，也是一种抽象概念，难以观察到。而价值观研究表明，价值观通过人的行为对事物的态度表现出来，是驱使人行为的内部动力。[198]因此，家族企业基因也是通过企业行为表现出来。

根据家族企业基因的文化性、可遗传性、可变异性、稳定性、结构性、广泛分布性等特征，可以通过研究传承多代的家族企业的长寿要素，最后将这些要素组合形成家族企业基因。虽然家族企业的长寿要素是难以观察到的，但是可以通过家族企业基因的表现形态——家族企业的性状特征来逆向推理。在众多家族企业性状中，企业家的经营管理行为是一个可获得性的观察对象。

4.1.1.2　样本特征

生物学基因可以通过实验获得，而家族企业的基因难以通过实验获得。香港中文大学研究家族企业的著名学者之一范博宏提出，要多做案例研究，从中发现家族企业研究中的深层次领域。[199]案例研究相对于定量研究来说，对研究对象的发展脉络和深层分析更为深入。通过资料的收集，可以对研究对象的行为活动有一个全面的把握。家族企业基因是决定家族企业成长和发展的决定因素，在代际传承中保持稳定。传承的代数越多，说明基因的稳定性越好。家族企业基因在形成和传递是跨越文化差异的，世界不同地区的家族企业所形成的基因具有相似性。因此，本书在世界范围内选择已经成功传承四代及以上的家族企业为样本。

4.1.1.3　扎根分析

通过对历代家族企业家行为进行扎根分析，提取家族企业基因要素。扎根理论认为，结合案例、在组织层面按事件先后顺序进行的研究（纵向理论建构）分为五个阶段，研究设计、数据收集、数据整理（或排序）、数据分析、文献比较（Pandit，1996），[200]本章参照这五个阶段构建研究框架，见图4－2。

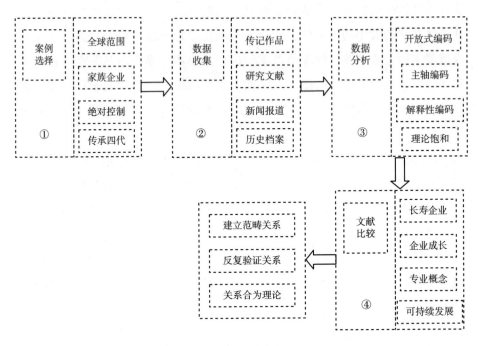

图4－2　家族企业基因要素的扎根分析

本书采用 Corbin 和 Strauss（1990）的编码技术程序来分析家族企业的基因要素，构建基因要素模型，以保证研究的信度和效度[201]。主要的工作程序如下。

第一步，成立译码小组。为了规避研究者个人的偏见，提高资料数据分析中的误差，特邀请两位企业管理方向的博士研究生组成 3 人译码小组。首先，对他们进行了扎根理论、译码程序和质化分析软件（MAXQDA 12.0）培训，选择一个案例资料进行试译码，确保对译码程序的正确理解和分析软件的正确操作。其次，3 人译码小组遵循开放式译码—主轴译码—选择性译码的程序，共同完成每一个案例企业资料的译码，对译码过程中存在的分歧不断进行讨论并取得一致意见。

第二步，译码结果比较。前一个案例企业资料的译码完成后，形成家族企业基因要素构成的初步结果，用这个结果指导下一个案例企业的译码过程，当有新的概念或者范畴出现时，就和前面案例的译码结果进行分析比较，以确认或修正之前的译码结果。译码结果的反复比较是扎根理论方法的核心。

第三步，理论饱和度检验。完成对 4 个案例企业的译码后，继续分析三个案例，确保没有新的范畴、面向和关系出现；再通过两个案例进行比较验证，保证研究结果达到理论饱和度。

4.1.2 案例选择

根据瑞士圣加仑大学家族企业中心（2012）的全球家族企业 500 强名单[①]，本书在前 100 强名单中挑选出传承四代及以上的家族企业共 14 个，分别是德国的贝塔斯曼公司（Bertelsmann SE & Co. KGaA）、宝马公司（Bayerische Motoren Werke AG, BMW）、贺利氏控股公司（Heraeus Holding GmbH）、汉高公司（Henkel AG & Co. KGaA），法国的欧尚集团（Groupe Auchan）、标致公司（PEUGEOT SA），意大利的 EXOR 公司（EXOR SpA），美国的福特汽车公司（Ford Motor Company）、嘉吉公司（Cargill, Incorporated）、柏克德集团公司（Bechtel Group Inc.），加拿大的乔治威斯顿公司（George Weston Ltd. Company），荷兰的喜力控股公司（Heineken Holding N. V.），日本的三得利控股有限公司（Suntory Holdings Ltd.），印度塔塔集团（Tata Group），具体情况见表 4-1。

[①] http：//familybusinessindex.com/ Global Family Business Index The index is compiled by the Center for Family Business at the University of St. Gallen, Switzerland, in cooperation with EY's Global Family Business Center of Excellence. 该中心选择家族企业的标准是：对于私营的家族企业，至少控制着 50% 的投票权，对于上市家族企业，至少控制着 32% 的投票权。

表 4 - 1　　　　全球家族企业 100 强中传承超过四代的家族企业名单

企业名称	国别	行业	成立时间	家族名称	传承代数	性质	家族股权	排名
贝塔斯曼	德国	文化传媒	1835	摩恩家族	6	私营	100	64
宝马公司	德国	汽车制造	1916	匡特家族	4	上市	46.7	8
贺利氏控股公司	德国	贵金属生产	1851	贺利氏家族	4	私营	100	57
汉高公司	德国	应用化学	1876	汉高家族	5	上市	58.7	66
欧尚集团	法国	零售	1961	穆里耶家族	6	私营	87.8	10
标致公司	法国	汽车制造	1810	标致家族	8	上市	37.9	15
EXOR 公司	意大利	投资	1927	阿涅利家族	6	上市	51.4	4
福特汽车公司	美国	汽车制造	1903	福特家族	4	上市	40	5
嘉吉公司	美国	农业贸易	1865	嘉吉－麦克米伦家族	6	私营	90.0	6
柏克德集团公司	美国	工程建设	1898	柏克德家族	5	私营	40	32
乔治威斯顿公司	加拿大	食品制造	1882	威斯顿家族	4	上市	63.0	40
喜力控股公司	荷兰	啤酒制造	1864	海尼根家族	4	上市	45.8	53
三得利控股公司	日本	酒品饮料	1899	三得利家族	4	私营	89.4	73
塔塔汽车集团	印度	汽车制造	1945	塔塔家族	6	上市	34.3	31

　　表 4 - 1 中的这些家族企业，不少家族企业是私营，对外很低调，相关研究资料很难收集到，因此，本书根据资料的完整性、可考证性、易得性从中筛选出 9 个家族企业：福特汽车公司、贝塔斯曼公司、宝马公司、菲亚特公司、标致公司、嘉吉公司、喜力控股公司、三得利控股有限公司、塔塔汽车集团①。9 个家族企业共有 9 个企业创始人和 38 个继任者，历代家族领导者具体见表 4 - 2、表 4 - 3、表 4 - 4、表 4 - 5、表 4 - 6。福特汽车公司于 1903 年 6 月 16 日成立，至今已经传承四代。贝塔斯曼公司于 1835 年成立，至今已经传承六代。控制宝马汽车公司的匡特家族第一任领导者 1880 年接管岳父的公司，因此以 1880 年作为第一任领导者的在任的起始时间。EXOR

―――――――――

　　① 圣加仑大学的家族企业 500 强名单中选择的是成立于 1945 年的塔塔汽车公司和 1968 年成立的塔塔子公司，但是印度的塔塔集团最初创立于 1868 年，前身是一家纺织厂，目前控制着有众多上市的子公司。如果从 1868 年开始，塔塔集团已经发展到第 6 代。

（菲亚特）公司虽然传承到第五代，但是第二代和第四代都是英年早逝，并没有成为继承人。

表 4 – 2　　　　　　　　　　福特汽车公司四代传承人

传承代数	在任时间
第一代：亨利·福特（1863～1947）	1903～1919 年
第二代：爱德塞·布莱恩特·福特（1893～1943）	1919～1943 年
第三代：亨利·福特二世（1917～1987）	1945～1980 年
第四代：小威廉·克莱·福特（又称比尔·福特）（1957～）	1999 年至今

表 4 – 3　　　　　　　　　　贝塔斯曼公司六代传承人

传承代数	在任时间
第一代：卡尔贝塔斯曼（1791～1850）	1835～1849 年
第二代：海因里希贝塔斯曼（1827～1887）	1849～1896 年
第三代：乔汉纳摩恩（1856～1930）	1896～1921 年
第四代：海因里希摩恩（1885～1955）	1921～1947 年
第五代：莱恩哈德摩恩（1921～2009）	1947～1981 年
第六代：克里斯托夫·摩恩	2009 年至今

表 4 – 4　　　　　　　　　　宝马汽车公司四代传承人

传承代数	在任时间
第一代：埃米尔·匡特（1849～1918）	1880～1910 年
第二代：京特·匡特（1881～1954）	1904～1954 年
第三代：赫伯特·匡特（1911～1982）	1954～1982 年
第四代：斯特凡·匡特（1966～）	1997 年至今

表 4 – 5　　　　　　　　　　菲亚特汽车公司五代传承人

传承代数	在任时间
第一代：乔瓦尼·阿涅利（1866～1945）	1899～1945 年
第二代：埃多阿尔朵·阿涅利（1892～1935）	无
第三代：贾尼·阿涅利（1921～2003）	1966～1999 年
第四代：爱德华多·阿涅利（1952～2000）	无
第五代：约翰·埃尔坎（1976～）	2010 年至今

表4-6　　　　　　　　　　　塔塔集团五代传承人

传承代数	在任时间
第一代：詹姆谢特吉·塔塔（1839~1904）	1868~1904年
第二代：杜拉布·塔塔（1874~1932）	1904~1932年
第三代：纳罗吉·萨克拉特瓦拉（1882~1938）	1932~1938年
第四代：J.R.D·塔塔（1904~2000）	1938~1991年
第五代：拉坦·塔塔（1938~）	1991~2012年 2016~2017年

4.1.3　数据收集

为了保证研究资料收集的全面性，本书从几个途径收集案例企业的资料。第一，游览案例企业的公司官网，获取公司的发展历程简介；第二，阅读传记作品，获取案例企业的主要研究资料；第三，中国知网（CNKI）、国外的学位论文文摘索引库（ProQuest Dissertaions and Theses）、Google学术等渠道收集9个家族企业的研究论文；第四，通过百度搜索发表在各种杂志媒体上的相关文章，根据杂志和媒体的权威性和影响性选择合适的文章。为了保证研究资料的可靠性，反复比较不同渠道获取的资料；为了保证研究资料的客观性，优先采用公开发表的学术研究论文和公开发行的传记作品，互联网媒体上的文章作为补充。

经过搜索和筛选，9个案例企业的资料来源如下：福特汽车公司、贝塔斯曼公司、宝马汽车公司（BMW）、菲亚特公司（EXOR）和塔塔集团这5个案例企业的主要资料来源于7本传记作品：《福特家族传》[202]《福特家族传奇》[203]《宝马背后的家族》[204]《贝塔斯曼背后的家族》[205]《贝塔斯曼和他的文化帝国》[206]《法拉利背后的家族》[207]和《塔塔：一个百年企业的品牌进化》[208]。除了《福特家族传奇》和《贝塔斯曼和他的文化帝国》是中文作者编著以外，其他5本都是国外学者通过调阅家族企业的历史档案、访谈家族成员和公司高管、阅读公开发表的相关资料等完成的著作，具有权威性和客观性。其他途径获取的资料成为必要的补充。标致公司、嘉吉公司、喜力控股公司、三得利控股有限公司这4个案例企业的相关资料主要来源于公司官网、研究论文和杂志媒体上的相关文章。

4.2 数据分析

本书采用多案例研究方法，归纳出这些案例企业在代际传承过程中的共同特征，获取家族企业的基因要素。多案例研究的第一步通常都是选择有典型性的、资料翔实的单案例进行研究，确定资料收集和分析的要点和范围，以此指导后续案例研究；然后对研究结果进行修正，以达到理论饱和（Yin，2017）。[209] 因此，本书从 9 个案例企业中选择一个理论触觉上最能代表所有样本特征的个案，即福特汽车公司。在对福特汽车公司的历史资料数据进行译码后，初步获取家族企业的范畴及其之间的关系。然后对后续 8 个案例企业进行逐个译码并进行反复比较，并进行理论饱和度检验，最终获得家族企业的主要范畴。

4.2.1 单案例分析

4.2.1.1 开放式编码

首先，将原始资料分解成一个独立的故事或事件并赋予名称；然后对所定义的现象进一步发展成概念，即"概念化"；最后将相关概念聚拢成一类概念，即"范畴化"。本书根据这三个步骤，借助国际上流行的质化分析软件（MAXQDA 12.0），将福特汽车公司四代家族企业家的经营管理行为分别进行开放式编码，最终获得 996 个概念（见图 4-3）和 96 个范畴。由于涉及概念太多，仅列举部分概念和范畴的编码过程，见表 4-7。

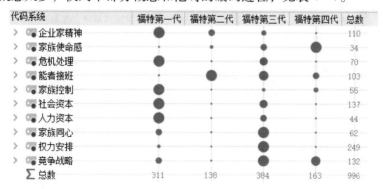

图 4-3 福特汽车公司四代领导者的编码矩阵

表 4 - 7 福特汽车公司四代企业家的部分开放式译码

原始数据	开放式译码		
	定义现象	概念化	范畴化
第一代：但他还是不情愿答应下来，再一次冒着生命危险创造了驾车一公里只有 36 秒的世界纪录	冒着生命危险创造记录	敢于冒险	敢于冒险
第一代：在 1913 年 8 月，装配 1 辆 T 型车平均需要 12.5 小时，第二年安装了流水线生产，只需 1.5 小时	流水线生产革新	技术创新	技术创新
第一代：5 美元工资制度一经宣布，立刻引来求职热潮，引起同业主的争论和媒体的关注	实施 5 美元工资制度	工资制度改革	工资改革
第一代：1919 年，福特雇佣的收购他公司小股票的经纪人达成全部协议，福特共花了 1 亿多美元就完成把公司控制在自己手里；福特给予爱德塞 42% 的股权	收购股权	获得家族控制权	家族控制公司
第一代：在和工会的冲突中，福特作出了关闭工厂的决定，但是福特的夫人坚决反对，福特改变了主意	夫人的干预挽救福特工厂	家族成员的干预	家族干预
第二代：他努力扮演自己公司总经理的角色，9 点准时到公司，和父亲一起用午餐，从不在 5 点前离开公司	认真履行总经理的职责	认真履职	继任者自律
第二代："父亲制造出世界上最受欢迎的汽车，我希望自己能制造出世界上最好的车"	继承创始人的造车使命	产生使命感	家族使命感
第二代：爱德塞立了一份遗嘱，说明他希望勘兹勒能在自己去世后确保亨利二世离开海军，能使亨利二世回到公司，为自己的继承权而战	继承权战争延续到第三代	选择家族继任者	权力族内传承
第三代：他长期沉湎于城市事务，同时还是马克斯 - 费雪的底特津文艺复兴组织的积极支持者	积极支持当地社会活动	参与社会活动	参与社会活动
第三代：亨利二世提拔了一个叫做李 - 艾克卡的年轻人担任公司的副总经理和总经理。在最危急的时候，年仅 29 岁的艾克卡设计了四座雷鸟的车顶，改进了福特的发动机，在市场上获得成功	大胆任命年轻人度过危机	任用新人度过危机	大胆用人
第三代：由于目睹父亲的遭遇，亨利二世变成一个多疑的人，他将公司看成一个充满权力和阴谋之争的拜占庭宫廷	公司是一个权力斗争的场所	权力斗争	权力斗争

续表

原始数据	开放式译码		
	定义现象	概念化	范畴化
第三代：1946 年，福特公司起草了一份 16 页报告分发给底特津汽车工程师协会，声称是公司和联盟想要招募"工业政治人才"，"民众是老板，而不是资方或劳动力"	亨利二世对员工价值的新认识	劳资关系的新认识	劳资新观念
第四代：比尔说，在他准备拿福特资产去抵押时，家族内部人全力支持他	家族内部同心协力	家族同心	家族同心
第四代：为拯救公司，比利所做的第一件事情就是招募一些老练的汽车工业管理者，重新回到福特汽车制造上来	重新回归传统汽车制造	重新回归传统业务	回归主业

4.2.1.2 主轴编码

运用典范分析模型"条件/原因—行动/互动策略—结果"分析福特汽车第一代企业家行为的范畴之间的逻辑关系，进一步对范畴进行归类，提炼出 9 个新范畴：家族控制、家族同心、能者接班、人力资本、社会资本、危机处理、竞争战略、企业家精神、权力安排。这 9 个新范畴是概括程度和抽象层次更高的范畴，称为主范畴。9 个主范畴的提炼方式见表 4-8。

表 4-8　福特汽车第一代企业家行为的支持范畴和主范畴生成过程

典型模型分析			提炼新范畴
条件/原因	行动/互动策略	结果	
市场判断 专业技术 经营目标	研发经济型车 采用标准化生产线 降低价格 创造需求 独特的公关技巧	形象提升 规模迅速扩大	竞争战略
讨厌文书工作 工人流动率高	走动管理 5 美元工资制	激励工人 员工支持	人力资本
保持工人节制和勤奋	设立公共关系部 管理工人生活	自豪感上升	
工作是再生力量	雇佣弱势群体	改变工人生活	
重用亲信	亲信专权	人才流失	

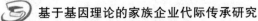

续表

典型模型分析			提炼新范畴
条件/原因	行动/互动策略	结果	
汽车专利权诉讼	自信辩护	戏剧性赢得诉讼	危机处理
故步自封 经济大萧条	阻碍创新 调整经营策略	失去市场领导地位	
工厂大罢工	同意工人进行工会选举	作出巨大让步	
亲情缺乏	家族管理机制缺乏	家族成员成为附庸	家族同心
公司遭遇困境	家族成员涉入	保全家族利益	
受母亲鼓励	纪念母亲和妻子	回归怀旧和保守	
培养儿子热爱汽车	在工厂中学习 不给予权力	儿子抑郁去世	培养接班人
儿子能力不足	培养亲信接班	亲信掌权	
战略分歧	夺取合伙人权力	获得公司部分控制权	家族控制
名气变大	策略性收回股份	获得百分百股权	
防止控制权流失	设计双层股权结构	父子控制公司	
尊敬高管	合力经营	公司稳定发展	权力安排
公司成功	挤走共同创业的高管	扩大个人权力	
高管夺权	利用亲信控制公司	获得绝对权威	
痴迷机械	获得商业经验	成立公司	企业家精神
敢于冒险 坚守信念	技术创新 市场创新	实践价值观	
相信自己是普通人的代表	陈述自己的理想 参与社会活动	获得声誉 改变社会	社会资本

　　福特汽车公司第一代企业家的行为经过编码，得到的范畴远远没有达到理论饱和。因为范畴本身的面向比较单一，范畴之间的关系普适性不足。因此，采取同样的编码程序，对福特汽车第二代、第三代、第四代企业家的行为进行归纳，使得主范畴和面向更为饱和，得到福特汽车四代企业家的行为模式。

　　经过对福特家族企业第二代企业家、第三代企业家和第四代企业家的行为进行主轴编码后，发现新增加的范畴和面向，见表4-9。

表 4 - 9 福特家族第二代、第三代、第四代企业家行为的
新范畴和新面向

代数	新范畴	新面向
第二代	家族使命感	倡导权力 - 责任对等的组织结构、乐于把公司变成国家的军火库、和平解决工会危机、家族责任、崇拜父亲、工作自律、证明自己、夺取权力、敏锐的市场嗅觉、进军新市场、自我身份定位、经营理念分歧、产品设计、政府关系、新技术研发、家庭关爱
第三代	大胆用人权力制衡	管理层治理、现代化管理、为汽车行业发声 财务保守和产品适度冒险的经营策略、拓展国际业务、取消世袭制、建立良性接班制度
第四代	无	大局观念、可持续发展、企业文化改造、危机自救、新技术研发、家族沟通机制、公司声誉、积极进取、不怕挑战、维护家族控制 价值观延续（祖父的价值观：让人们生活更美好）

将福特家族四代企业家的行为进行整合，形成福特家族四代企业家的主范畴和支持范畴，见表 4 - 10。表 4 - 10 中 10 个主范畴和支持范畴的逻辑关系以及具体内涵解释如下。

（1）竞争战略。福特汽车公司的发展战略不是保守型的而是竞争型的，四代企业家在经营策略上均以市场为导向，以抢占市场份额和市场地位为目标，产品创新和营销创新不断挑战竞争对手，通过上市、并购、多元化经营等手段扩大经营规模，增强实力，击垮竞争对手。

（2）人力资本。福特汽车公司对劳动、工作的价值认知有着独特的理解，认为工作创造价值。积极吸纳基层员工，并为勤奋工作的员工提供利润分享计划，让员工和企业一起成长。对于高端人才，外聘和内部培养两种方式。对于高端人才敢于不拘一格选聘，并给予信任，充分授权，保持对企业的忠诚。

（3）家族使命感。福特家族后代认为，继承家业是义不容辞的责任，这种责任感不断鞭策着后代把家业发展壮大，并在遇到困难和危机时敢于战胜困难。家族使命感是家族后代对企业发展的承诺。这份承诺是促进企业发展的无形动力，也是家族声誉得以建立的决定力量。

表 4 - 10　　　　　福特家族四代企业家行为的支持范畴和主范畴

典型模型分析			提炼新范畴
条件/原因	行动/互动策略	结果	
增长乏力 抢占市场先机 目标客户定位 上市融资	发展国际业务 调整产品策略 多元化经营 实施收购	市场扩张 获得竞争优势 稳固市场地位 实力增长	竞争战略
劳资新观念 理念接近 识别人才	工资改革 坦诚沟通 用人唯才	员工支持 建立信任 忠诚合作	人力资本
认同父辈价值观 家族的汽车信仰 家族自豪感	延续经营理念 继承父辈志向 记忆历史	管理方式传承 践行父辈承诺 家族理念传承	家族使命感
故步自封 盲目扩张 外部环境恶劣	大胆用人 业务重组 力保主力	夺回市场 回归保守 自救成功	危机处理
内部冲突 观念分歧	建立沟通机制 家族干预	保留家族传统 维护家族利益	家族同心
接班意愿 继任者自律 打破世袭接班制 继任者自我定位	家族继任者培养 岗位历练 外部经理人接班 争夺领导权	权力族内传承 展现能力 权力顺利交接 形成领导权威	能者接班
讨厌受制于人 防止控制权流失	双层股权结构 内部转让股权	获得家族控制权 确保绝对控制权	家族控制
控制欲强 高管夺权 改变权力观 缺乏支持	高管竞争 权力斗争 授权高管 寻求盟友	权力制衡 强化领导权 建立信任 夺回领导权	权力安排
敢于冒险 坚守信念 市场判断 权力认知	产品创新 技术创新 管理创新 回归主业	成为行业领袖 提高生产效率 实现企业愿景 实践价值观	企业家精神
社会责任感强 追求长期利益 传播经营理念	参与社会活动 利益相关者管理 独特的公关技巧	获得社会地位 合作关系良好 公司形象提升	社会资本

（4）危机处理。因为外部环境的变化和内部经营管理问题，福特汽车公司在 114 年的发展过程中遭遇到很多重大危险时刻。通过大胆用人、破釜沉舟的改革和积极快速的应对措施，福特汽车公司成功地化解了很多危机。

（5）家族同心。家族企业是以两个系统在运行，家族系统能为企业系统提供资本、智力和人才支持。家族同心是家族系统正向运转的核心。家族成员之间的关系是家族系统正向运转的决定性因素之一。家族同心指的是家族成员之间的关系和谐。俗语有云"家和万事兴"，家族成员同心同力，企业的控制权才不会旁落，才能作出对企业有力的经营决策，企业才能长久生存。

（6）能者接班。不论是家族企业还是外部经理人，只要有能力都可以成为福特汽车公司的继任者。福特汽车公司的第三代企业家否定了家族成员世袭制。家族成员和外部经理人只要有足够的管理经验，拥有领导能力、组织管理能力、有权威能服众，都可以通过选举成为企业的领导者。

（7）家族控制。福特家族设计了 A/B 双层股权结构，A 股公开发行，同股同权；B 类股票同股不同权，家族成员持有 B 类股票的多半数投票权，从而获得福特汽车公司的绝对控制权。为了防止控制权旁落，家族成员手中的 B 类股票只能在家族成员之间转让。

（8）权力安排。权力安排指的是在公司管理层之间进行权力的合理分配，以达到权力制衡的目的。高管之间的权力争斗是管理层不稳定的根源，也是继任者权威受到挑战的根本原因。福特汽车公司通过引入现代公司理念和竞争性的权力安排，实现了权力制衡的目的。

（9）企业家精神。企业家精神通常指敢于冒险、敢于创新的精神。福特汽车公司的四代企业家在产品、技术、管理等诸多方面都有异于常人的冒险和创新活动。但是对于家族企业来说，企业家精神还包括对父辈经营传统的继承。

（10）社会资本。企业生存与社会关系网络中，通过参与、赞助和支持网络中的各种活动，取得信任和赞誉，并将其转化为企业发展的关系资源。关系资源能够助力企业发展，并在危机时帮助企业渡过难关。

4.2.1.3 选择性编码

选择性编码的目的是提炼核心范畴。通过分析十个主范畴之间的逻辑关系,用一个核心范畴概括这些关系。通过对福特公司的案例资料、管理学中的众多概念、范畴的不断分析和对比,最终发现可以用"环境适应性延续"这个核心范畴来体现福特公司案例资料的主旨。核心范畴和主范畴的关系见图4-4。

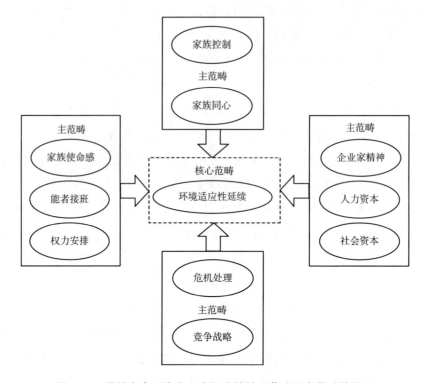

图4-4 福特汽车四代企业家行为的核心范畴和主范畴的关系

4.2.2 多案例比较

4.2.2.1 多案例译码结果比较

采用同样的扎根程序对塔塔集团、宝马汽车公司、EXOR集团和贝塔斯曼集团进行开放式编码、主轴编码和核心编码,结果见图4-5。

其中,在四个企业主轴编码过程中发现新的范畴和面向,见表4-11。

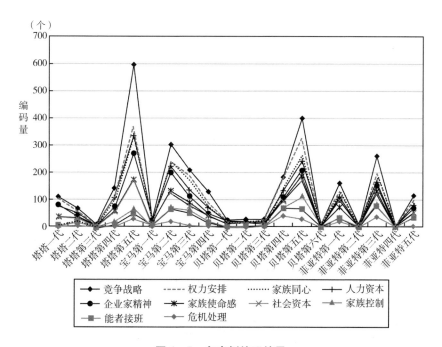

图 4-5 多案例编码结果

表 4-11   主范畴新的支持范畴和新面向

主范畴	支持范畴	
	新的支持范畴	来源
社会资本	贵族联姻	菲亚特第二代、第三代、第四代、第五代
	军校学习	菲亚特第二代、第三代、第四代
能者接班	自主选择成为企业家	宝马第四代
家族控制	隐秘控制	贝塔斯曼第五代
	信托基金控制、价值观控制	塔塔第五代
企业家精神	经营能力、投资能力	宝马第二代、第三代、第四代
	信赖、国家情怀、服务社区	塔塔第一代
人力资本	用其他家族企业的人、高管人才管理	宝马第二代、第三代、第四代
	以身作则、员工忠诚、"家族员工"、协商、"甜言蜜语"	塔塔第四代、第五代
竞争战略	持续改善、品牌管理	塔塔第四代
权力安排	授权	塔塔第四代

4.2.2.2　理论饱和度检验

为了确保四个案例没有新的范畴和面向出现，对四个案例进行第二次译码处理，经过反复比较，发现没有新的范畴和面向出现。继续分析标致公司、喜力控股公司、嘉吉公司、三得利控股有限公司四个案例，然后进行比较验证，确保研究结果具有较好的理论饱和度和效度。

经过九个案例企业的扎根分析后，最终获得的主范畴及其面向见表4-12。

表4-12　　　　　　　　　　　主范畴及其面向

主范畴	面　　向
竞争战略	产品、营销、研发、财务、品牌
人力资本	理念相似、人才识别、员工激励、员工忠诚
危机管理	外源性危机（政治、法律、战争、技术）、内生性危机（人才危机、组织危机）
家族同心	关系处理、利益维护、冲突管理、沟通机制
能者接班	自我定位、教育经历、领导能力、接班人选
家族控制	股权结构、投票权、隐性控制
权力安排	权力结构、权力制衡
企业家精神	价值观、冒险精神、创新精神
家族使命感	家族责任、延续传统
社会资本	媒介关系、社区关系、政府关系、合作伙伴关系、国际关系、贵族关系

4.2.3　文献比较

将上文获得的十个主范畴和现有文献中相关研究、专业术语进行比较分析，界定十个主范畴的内涵。

4.2.3.1　主范畴和现有文献的比较

兰布雷希特（Lambrecht）对10个多代传承的企业进行研究后发现，在传承过程中表达和培育的软元素包括：企业家精神（enterpreneurship）、自由（freedom）、价值观（values）、外部经验（outside experience）、教养（upbringing）和教育（education）（Lambrecht，2005）。本书提炼出的"企业家精神"范畴和兰布雷希特提出的企业家精神要素内涵一致，而"能者接班"范畴不仅包括兰布雷希特提出的教养、教育，还突出强调了继任者的能力。

值得信任（rated integrity）和承诺（commitment）是继任者最为重要的

属性（Chrisman et al.，1998）。承诺在朗文当代高级英语辞典中的一个义项是 "the hard work and loyalty that someone gives to an organization，activity etc"，即对某一组织、某项活动等的投入，忠诚，奉献。本书的 "家族使命感" 范畴包含了承诺内涵。

阿里·德赫斯（Arie de Geus）认为，凝聚力是使组织内的分子既能各自独立存在又能紧密凝聚在一起的一种力量。[210]凝聚力和强烈的认同都是长寿公司重要的人格化特征，会一代一代传递下去。本书提炼的 "家族同心" 范畴和凝聚力具有相似的内涵。

家族企业研究代表人物丹尼·米勒（Danny Miller，2004）通过对 40 多个平均寿命有 104 年的家族控制企业进行研究后得出结论，这些家族企业及其领导人员的四种重要的驱动优势，即连贯性（continuity）、共同体（community）、关系（connection）、指挥（command）。连贯性指的是保证企业健康和长期生存以实现使命；共同体指的是构建一种紧密的、人性化的文化，用来激励员工，让员工对企业保持忠诚；关系指的是为企业的长远发展同外部合作者保持一种长久的双赢关系；指挥指的是管理人员拥有很大的决策权，能灵活调整决策，同时保持企业的活力。[211]本书得出的 "社会资本" 范畴和关系要素具有相同的内涵；"权力安排" 范畴和指挥要素相比，更为清晰地指出家族企业中家族和企业高管之间形成制衡的权力结构，拓展了指挥要素的内涵；"人力资本" 范畴和共同体要素相比，更为明确地指出家族企业对人力资源的管理策略。丹尼·米勒（Danny Miller）的研究结论没有突出 "家族控制" 因素，因为他研究的对象就是家族企业。本书认为，"家族控制" 是家族企业得以延续的一个基础要素和关键要素。如果家族企业现任者和继任者失去对企业的控制权，其他要素无法对企业起作用。

汤姆·彼得斯（Tom Peters）通过对 43 家长寿企业的研究，发现这些企业具有 8 个属性：崇尚行动、贴近顾客、自主创新、以人助产、价值驱动、不离本行、精兵简政、宽严并济。[212]本书得出的 "竞争战略" 范畴包含了贴近顾客、自主创新、不离本行等特征。

吉姆·柯林斯（Jim Collins）对 18 个百年企业研究发现，核心价值观和超越利润的目标是这些企业得以生存的共同特性。具体实现要素包括目标、愿景、文化、改善、协调一致。[213]本书的"家族使命感"和"企业家精神"范畴均包含核心价值观、超越利润的目标。

"危机处理"要素并没有出现在上述研究文献中。原因可能是研究者大多以两代之间的传承为对象,时间跨度不过几年时间,危机问题在两代之间表现并不明显。但是放眼企业百年历史,企业的发展无不受到外部环境的影响,出现各种危机。本书对9个企业50个家族企业家行为研究发现,家族企业继任者在接手企业时,均受到各种危机的挑战并成功化解危机。因此,"危机处理"范畴是家族企业代际传承的核心要素之一。

4.2.3.2 主范畴的再定义

1. 竞争战略。竞争战略在管理学理论研究和实践中,是一个常见术语。弗雷德·R. 戴维在《战略管理》一书中将竞争战略视为企业战略的一部分,指的是企业在业务方面的活动。基于表4-13中竞争战略范畴的面向,本书的竞争战略范畴和弗雷德·R. 戴维提出的竞争战略概念相比,增加了和业务活动有关的财务、研发、品牌等,因此,将竞争战略界定为家族企业为了可持续发展,而采取的一套以产品为中心的行动方案。

2. 人力资本。人力资本概念最早由美国著名经济学家舒尔茨(Theodore W. Schultz)提出,人力资本表现为人所拥有的知识、技能、经验和健康等。[214]对于企业而言,想要获得人力资本,必须进行相关投资。基于表4-13中人力资本范畴的面向,本书的人力资本范畴和舒尔茨的人力资本概念相比,侧重人力资本的管理活动。因此,将人力资本界定为家族企业选择与其经营理念匹配的人才,借助激励手段提高其忠诚度,获取其智力资源。

3. 企业家精神。著名的管理学者德鲁克认为,创新是企业家最基本的活动和最核心的职能,有目的、有组织的系统创新是企业家精神的本质(Drucker,1985)。[215]企业家的创新、创业的过程体现了企业家精神的发挥和企业家的生成机制(李新春,2002)。[216]结合表4-13中企业家精神的面向,本书的企业家范畴增加了价值观因素,因此,将企业家精神界定为家族企业领导者基于价值追求而进行的冒险和创新活动。

4. 社会资本。社会资本概念由法国社会学家皮埃尔·布迪厄(Pierre Bourdien)提出,社会资本是与群体成员相联系的现实或潜在的资源总和,它从群体拥有的角度为每个成员提供支持。[217]这一概念和本书的社会资本范畴内涵一致。因此,将社会资本界定为家族企业介入社会关系网络,参与、赞助和支持网络中的各种活动,取得信任和赞誉,并将其转化为企业发展的关系资源。

5. 家族使命感。使命一词,辞海中有三种解释:一是使者所奉之命令,如《北史·魏收传》所指,"李谐、卢元明首通使命,二人才器并为邻国所重。"二是奉命出使之意,如《宋史·田景咸传》所指,"每使命至,唯设肉一器,宾主共食。"三是任务,如《三国演义》第八回所指,"但有使命,万死不辞。"[218]后来,使命被引申为肩负重大的任务和责任。使命感是个体对重大责任的担当,有使命感的个体必须有责任感。依据现代汉语词典的解释,责任感是指个体自觉把分内的事情做好的心情。[219]该解释突出了个体的自觉性,可见,责任感的一个重要表现就是积极主动做某事。因此,本书将家族使命感界定为家族企业继任者延续父辈经营传统的责任感。家族使命感促使家族企业继任者秉承天生家族属性,积极主动经营企业,实现自我价值。

6. 危机处理。著名的危机研究学者里宾杰(Lerbinger)将危机界定为对企业未来的获利性、成长乃至生存发生潜在威胁的事件。[220]德国哲学家、社会学家哈贝马斯(Habermas)认为,危机意味着寻常、普通、合理的状态瓦解,随意、混乱和漂浮压倒规则和秩序。[221]危机往往造成利益相关者、群体共享的经验、信念和价值的毁灭。[222]结合表 4-12 中危机处理范畴的面向,将危机处理界定为家族企业针对外源性危机和内生性危机所破坏的外部环境和内部秩序、规则与契约等,进行系统性修复和再造。

7. 家族同心。同心一词,辞海中解释为齐心,如《易·系辞上》所指,"二人同心,其利断金;同心之言,其臭如兰。"结合表 4-12 中家族同心范畴的面向,本书的家族同心范畴提出通过关系治理实现心齐的目的。因此,将家族同心界定为企业家族成员之间建立沟通机制,协调各种关系,共同维护家族利益。

8. 能者接班。能者接班是本书提出的新范畴,并没有可比的文献。结合表 4-12 能者接班范畴的面向,将能者接班界定为家族企业选择具有明确自我定位的接班人,通过各种教育方式培养接班人的领导能力。

9. 家族控制。结合表 4 – 13 中的家族控制范畴的面向，将家族控制界定为家族企业通过股权结构和投票权的设计，实现家族对企业的隐性控制。家族控制和现有文献中的控制权概念相比，突出了隐性控制的特点。

10. 权力安排。本书将权力安排界定为家族企业领导者将经营权在管理层之间进行合理分配，形成一种权力结构，以达到权力制衡的目的。现有文献中公司治理概念和权力安排范畴相近。公司治理概念主要描述由股东会、董事会、监事会、经理层等"物理层次"的组织架构，及联结上述组织架构的责权利划分、制衡关系和配套机制（决策、激励、约束机制等）等。本书的权力安排则侧重形成一种权力结构，达到相互制衡的目标。相比公司治理概念，权力安排内涵更窄。

4.3 家族企业基因要素模型的实证分析

4.3.1 家族企业基因模型

前文 4.2.3 获得的 10 个主范畴构成家族企业基因的要素。根据家族企业基因的结构性特征，这 10 个要素之间应该构成一个稳定的结构。依据生物基因的 DNA 结构，需要确定家族企业 DNA 的双螺旋和碱基对。

4.3.1.1 家族企业 DNA 的双螺旋链

DNA 双螺旋链的功能是构成 DNA 的骨架，将碱基连接起来，形成一个稳定的空间结构。基于此，家族企业 DNA 的双螺旋链必须具有两个特征：首先，能够体现家族和企业两个系统的交互特征。家族企业由家族和企业两个系统构成，家族企业的所有行为都是两个系统交互的结果。同样，家族企业基因的双螺旋链应该体现家族和企业特征。其次，和其他要素之间存在强关联性。家族使命感、家族控制、家族同心、权力安排、能者接班、企业家精神、人力资本、社会资本、竞争战略、危机处理 10 个基因要素中，家族使命感和企业家精神是家族和企业双系统的双重精神内核，对其他要素起着决定性作用。家族使命感和家族控制、家族同心、权力安排和能者接班是根植于家族系统的核心要素。而家族使命感作为一种精神内核，将家族控制、家族同心、权力安排和能者接班四个要素紧紧吸附在一起。如果没有家族使命感，家族控制、家族同心、权力安排和能者接班均失去存在的意义。企业家精神、人力资本、社会资本、竞争战略、危机处理是根植于企业系统的核心要素。而企业家精神作为一种精神内核，强力驱动人力资本、社会资本、竞争战略、危机处理等要素。如果缺乏企业家精神，人力资本、社会资本、竞争战略、危机处理均无从谈起。

因此，家族使命感和企业家精神是家族企业 DNA 的双螺旋链。家族使命感链连接家族控制、家族同心、权力安排和能者接班四个要素；企业家精神链连接人力资本、社会资本、竞争战略、危机处理四个要素。

4.3.1.2 家族企业 DNA 的碱基对

碱基是 DNA 的构成成分，以互补配对规则存在。家族控制、家族同心、权力安排、能者接班、人力资本、社会资本、竞争战略、危机处理等要素是家族企业 DNA 的构成成分，同样以互补配对方式存在。显然，要体现互补性，需要将根植于家族系统的要素和根植于企业系统的要素进行配对。基于家族控制、家族同心、权力安排、能者接班、人力资本、社会资本、竞争战略、危机处理等之间的内涵和功能，构建四个配对关系，即家族控制—竞争战略、家族同心—社会资本、危机处理—能者接班、权力安排—人力资本。

4.3.1.3 家族企业 DNA 模型

根据家族企业 DNA 的双螺旋和碱基互补配对规则，构建家族企业 DNA 模型，见图 4-6。

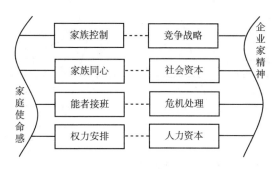

图 4-6　家族企业 DNA 模型

4.3.2 结构方程初始模型

家族企业 DNA 模型的验证有两个目的：一是验证该模型的适用性。二是验证模型中各个要素的关系。家族企业 DNA 模型中的 10 个要素是从长寿家族企业中提炼出来的决定企业持续经营的核心要素。对于一般的家族企业来说，这 10 个要素是否是影响企业经营效果的核心要素，还需要进一步验证。通常，企业绩效是测量企业经营效果的一个常用变量。另外，本书认为这 10 个要素是家族企业代际传承的核心要素。在家族企业代际传承研究领域，企业绩效是评估传承效果的有效指标（Goldberg，1996）。[223]基于此，选择企业绩效作为衡量家族企业经营效果的测量指标。因为结构方程是一种验证性因子分析方法（易丹辉，2008），[224]家族企业 DNA 模型的验证选择结构方程方法。首先根据家族企业 DNA 模型中 10 个因子及其关系，设定潜变量与模型结构，然后通过数据验证 10 个因子之间的关系。

4.3.2.1 假设

由图 4-6 家族企业 DNA 模型构建的假设关系，见图 4-7。

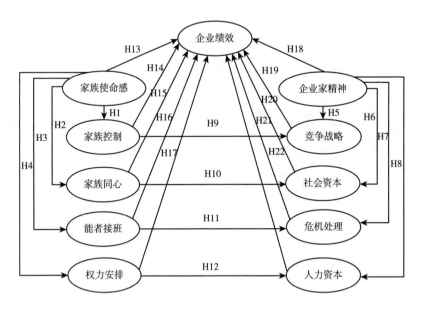

图 4-7 家族企业基因模型假设关系

H1：家族使命感对家族控制有正向的影响作用；H2：家族使命感对家族同心有正向的影响作用；H3：家族使命感对能者接班有正向的影响作用；H4：家族使命感对权力安排有正向的影响作用；H5：企业家精神对竞争战略有正向的影响作用；H6：企业家精神对社会资本有正向的影响作用；H7：企业家精神对危机处理有正向的影响作用；H8：企业家精神对人力资本有正向的影响作用；H9：家族控制对竞争战略有正向的影响作用；H10：家族同心对社会资本有正向的影响作用；H11：能者接班对危机处理有正向的影响作用；H12：权力安排对人力资本有正向的影响作用；H13：家族使命感对企业绩效有正向的影响作用；H14：家族控制对企业绩效有正向的影响作用；H15：家族同心对企业绩效有正向的影响作用；H16：接班者能力强对企业绩效提升有正向的影响作用；H17：权力安排越好对企业绩效提升有正向的影响作用；H18：企业家精神对企业绩效有正向的影响作用；H19：竞争战略对企业绩效有正向的影响作用；H20：社会资本越大对企业绩效有正向的影响作用；H21：危机处理对企业绩效有正向的影响作用；H22：人力资本对企业绩效有正向的影响作用。

4.3.2.2 家族企业基因量表

家族企业基因量表见表 4 – 13。

表 4 – 13　　　　　　　　　　家族企业基因量表

一级变量	二级变量	一级指标	二级变量
家族使命感	创始人的责任感：X1 接班人的责任感：X2 接班人的认同感：X3	企业家精神	冒险精神：X16 创新精神：X17 市场判断：X18
家族控制	所有权比例：X4 控制权比例：X5 稀释股权获得外部投资：X6	竞争战略	制定战略：X19 战略执行：X20 竞争优势：X21
家族同心	家族成员关系：X7 家族成员参与企业活动：X8 家族成员参与家族活动：X9	社会资本	社会关系：X22 社会声誉：X23 社会地位：X24

一级变量	二级变量	一级指标	二级变量
能者接班	接班计划：X10 接班能力：X11 接班人努力：X12	危机处理	危机意识：X25 处理能力：X26 危机转变为机会：X27
权力安排	领导权集中：X13 管理权集中：X14 非家族高管权力：X15	人力资本	招聘偏好：X28 人力资源开发：X29 激励机制：X30
企业绩效	经营能力：Y1 盈利水平：Y2 竞争力：Y3		

4.3.3 数据收集和描述性统计

4.3.3.1 数据收集

问卷发放对象为不同地区、多个行业的不同家族企业，以避免出现由于空间封闭性或行业局限性所造成的共同方法偏差而给数据带来趋同性的影响。为了消除测量环境和方法可能造成的共同方法偏差，选择在线填写问卷、电子邮件发放问卷和电话访谈等不同的调查方式。问卷发放从2018年2月开始至2018年6月结束，总计发放问卷300份，共计回收到有效问卷211份，回收率约为73%，问卷数量达到了结构方程的要求。

4.3.3.2 描述性统计

家族企业所属行业、成立年限、员工数量、被调查对象所属部门和职位等主要数据调查结果见表4－14。家族企业主要分布在广东、浙江、上海、江苏、江西等省市，样本符合中国大陆家族企业分布趋势。

表4－14 家族企业描述性统计

项目	分布区间及所占比例（%）						
地区 （前5）	广东	浙江	上海	江苏	江西	其他	合计
	22.75	8.53	7.58	7.11	4.27	49.76	100
行业 （前5）	食品	电子	产品	加工	运输	其他	合计
	6	5.69	5.21	4.27	3.32	75.51	100

续表

项目	分布区间及所占比例（%）						
成立时间	3 年以内	3~5 年	5~10 年	10~20 年	20 年以上		合计
	4.74	18.48	39.34	28.44	9		100
员工数量	小于 100 人	100~300 人	300~500 人	500~800 人	800 人以上		合计
	33.18	36.49	17.06	4.74	8.53		100
所属部门	生产	营销	人力	财务	研发	其他	合计
	19.43	27.49	16.59	19.91	8.06		100
职位	高级管理	中级管理	一线工作	其他			合计
	9	36.49	46.92	7.58			100

4.3.4 模型检验及分析

首先选择 SPSS 22.0 对模型变量进行相关性检验，然后用 AMOS 22.0 数据分析软件验证图 4-7 中结构方程模型。

4.3.4.1 模型变量间的相关性检验

1. 信度分析。为了确保模型拟合度评价和假设检验的有效性，需要进行信度分析（Reliability Analysis）。本书采用常用的克隆巴赫（Cronbach's Alpha）信度系数来检查调查问卷研究变量在各个测量题项上的一致性程度。一般认为 Cronbach's Alpha 系数大于 0.7，则表明变量具有良好的信度。为了提高变量的信度，一般构面中大多选择变量缩减来净化题项，本书净化题项的条件如下：第一，如果被删除的题项与其他题项总分的相关程度（Corrected Item - Total Correlation，CITC）小于 0.5，则删除该题项。第二，如果某题项被删除后 Cronbach's Alpha 系数增加，则删除该题项。

由表 4-15 可知，本书研究的变量家族使命感、家族控制、家族同心、能者接班、权力安排、企业家精神、竞争战略、社会资本、危机处理、人力资本、企业绩效的 CITC 均大于 0.5 的标准，表明测量题项符合研究要求；Cronbach's Alpha 系数均大于 0.7 的标准，表明具有良好的内部一致性信度。从"删除该题项的 Cronbach's Alpha 值"看，删除任意一题项均不会引起 Cronbach's Alpha 值增加，这也同样表明各个量表具有良好的信度。

表 4 – 15 各量表信度分析

变量	题项	CITC	删除该题项后的 Cronbach's Alpha	Alpha 系数
家族使命感	X1	0.781	0.825	0.882
	X2	0.782	0.824	
	X3	0.752	0.850	
家族控制	X4	0.791	0.877	0.904
	X5	0.834	0.840	
	X6	0.801	0.868	
家族同心	X7	0.683	0.839	0.855
	X8	0.778	0.746	
	X9	0.723	0.802	
能者接班	X10	0.715	0.832	0.863
	X11	0.770	0.779	
	X12	0.740	0.809	
权力安排	X13	0.698	0.813	0.85
	X14	0.777	0.736	
	X15	0.688	0.821	
企业家精神	X16	0.679	0.853	0.859
	X17	0.783	0.756	
	X18	0.741	0.796	
竞争战略	X19	0.766	0.872	0.893
	X20	0.819	0.823	
	X21	0.790	0.849	
社会资本	X22	0.787	0.891	0.907
	X23	0.833	0.854	
	X24	0.832	0.852	
危机处理	X25	0.788	0.879	0.904
	X26	0.810	0.861	
	X27	0.828	0.845	
人力资本	X28	0.834	0.893	0.92
	X29	0.855	0.874	
	X30	0.834	0.889	
企业绩效	X31	0.791	0.872	0.902
	X32	0.827	0.841	
	X33	0.800	0.866	

2. 效度分析。为了检验问卷和量表是否有效和准确地解释家族企业基因和企业绩效之间的关系，需要进行效度分析（validity analysis）。效度分析包括内容效度和结构效度，其中，内容效度是指题项与所测变量的适合性和逻辑相符性（陆娟等，2006），[225]结构效度是指题项衡量所测变量的能力（蔡莉和伊苗，2009）。[226]

家族企业基因和企业绩效量表是基于已有文献的回顾来确定变量之间的关系或者关联构建，并且根据预调查的结果对题项作了进一步的修正和完善，因而认为量表的内容效度符合要求。本书通过探索性因素分析（Exploratory factor analysis，EFA）检验来证明量表的结构有效性。

首先，选择 KMO 和 Bartlett's 球形检验来对因子分析的可行性进行检验，并以判 KMO > 0.7，Bartlett's 球形检验显著（Sig. < 0.005）作为判断标准。利用 SPSS22.0 对量表进行 KMO 和 Bartlett's 球形检验，结果见表 4 - 16。家族使命感、家族控制、家族同心、能者接班、权力安排、企业家精神、竞争战略、社会资本、危机处理、人力资本、企业绩效的 KMO 均大于 0.7，Bartlett's 球形检验值显著（Sig. < 0.001），表明问卷数据符合因子分析的前提要求。

其次，采用主成分分析方法提取因子，并以特征根大于 1 的因子作为公因子。由表 4 - 16 可知，总共得到 11 个因素，每个因素的总解释能力均大于 50%，表明筛选出来的各个因素具有良好的代表性；每个题项的因素负荷量均大于 0.5，且交叉载荷均小于 0.4，每个题项均落到对应的因素中，表明量表具有良好的结构效度。

表 4 - 16　　　　　　　　　　　　因子分析结果

因素	题目	因子载荷	方差百分比	KMO
家族使命感	X1	0.905	80.953	0.744
	X2	0.905		
	X3	0.889		
家族控制	X4	0.906	83.888	0.75
	X5	0.929		
	X6	0.912		

续表

因素	题目	因子载荷	方差百分比	KMO
家族同心	X7	0.853	77.622	0.716
	X8	0.909		
	X9	0.879		
能者接班	X10	0.872	78.593	0.732
	X11	0.902		
	X12	0.886		
权力安排	X13	0.865	77.069	0.713
	X14	0.909		
	X15	0.859		
企业家精神	X16	0.850	78.078	0.716
	X17	0.911		
	X18	0.889		
竞争战略	X19	0.894	82.586	0.744
	X20	0.923		
	X21	0.908		
社会资本	X22	0.903	84.487	0.751
	X23	0.927		
	X24	0.927		
危机处理	X25	0.904	83.861	0.751
	X26	0.916		
	X27	0.926		
人力资本	X28	0.926	86.509	0.762
	X29	0.937		
	X30	0.927		
企业绩效	X31	0.907	83.666	0.751
	X32	0.926		
	X33	0.911		

3. 相关分析。相关系数的取值范围介于 $[-1, 1]$ 之间，绝对值越大，表明变量之间的相关性越高。具体来说，$|r| = 1$，完全相关；$|r| \leqslant 0.70$

<0.99，高度相关；0.40≤｜r｜<0.69，中度相关；0.10≤｜r｜<0.39，低度相关；｜r｜<0.10，微弱或无相关[227]。

由表 4-17 可知，家族使命感、家族控制、家族同心、能者接班、权力安排、企业家精神、竞争战略、社会资本、危机处理、人力资本与企业绩效的相关系数分别为：0.530、0.502、0.467、0.606、0.245、0.525、0.571、0.636、0.445、0.495，且 P 值均达到了 0.01 的显著水平，表明家族使命感、家族控制、家族同心、能者接班、权力安排、企业家精神、竞争战略、社会资本、危机处理、人力资本与企业绩效之间均存在显著的正向相关关系。

表 4-17 相关分析

因素	家族使命感	家族控制	家族同心	能者接班	权力安排
企业绩效	0.530**	0.502**	0.467**	0.606**	0.245**
因素	企业家精神	竞争战略	社会资本	危机处理	人力资本
企业绩效	0.525**	0.571**	0.636**	0.445**	0.495**

注：** 在 0.01 级别（双尾）相关性显著。

4.3.4.2 初始模型的验证性分析

应用结构方程模型（SEM）作为理论模型的验证时，不错的模型配适度是 SEM 分析的必要条件。配适度表示模型所估算出来的期望共变异数阵与样本共变异数矩阵一致性的程度，配适度愈好即代表模型与样本愈接近（Byrne，2010）。[228] 本书选择 CMIN 检验、CMIN/DF 的比值、配适度指标（GFI）、调整后的配适度（AGFI）、非基准配适指标（NNFI）、渐增式配适指标（IFI）、比较配适度指标（CFI）、平均近似误差均方根（RMSEA）等评估整体模型的配适度。评价模型与数据拟合程度时要综合考虑各个指标，当绝大多数指标都满足要求时，模型与数据拟合度较好。

1. 结构方程模型拟合度。结构方程模型见图 4-8。由表 4-18 可知，CMIN/DF 为 1.605，小于 3 以下的标准，GFI = 0.832，AGFI = 0.801，均大于 0.8 以上的标准，TLI（NNFI）、IFI、CFI 均达到 0.9 以上的标准，RMSEA 为 0.054，小于 0.08，大多的拟合指标均符合一般 SEM 研究的标准，因此该模型有不错的配适度。

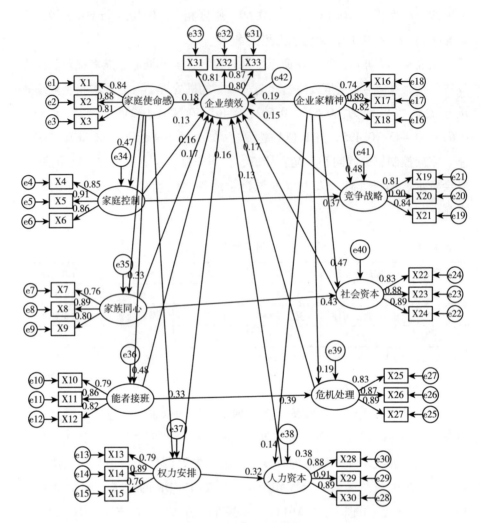

图 4 - 8　结构方程模型

表 4 - 18　　　　　　　　　　　模型拟合度

拟合指标	可接受范围	测量值
CMIN		759. 022
DF		473
CMIN/DF	< 3	1. 605
GFI	> 0. 8	0. 832

续表

拟合指标	可接受范围	测量值
AGFI	>0.8	0.801
RMSEA	<0.08	0.054
IFI	>0.9	0.942
TLI（NNFI)	>0.9	0.934
CFI	>0.9	0.941

2. 结构方程模型路径系数。由表 4 – 19 可知，家族使命感对家族控制、家族同心、能者接班、权力安排的标准化系数分别为：0.471、0.332、0.476、0.328，且 P 值均达到了 0.01 的显著水平，表明家族使命感对家族控制、家族同心、能者接班、权力安排均具有显著的正向影响；企业家精神对竞争战略、社会资本、危机处理、人力资本的标准化系数分别为：0.482、0.474、0.1900.372，且 P 值均达到了 0.05 的显著水平，表明企业家精神对竞争战略、社会资本、危机处理、人力资本均具有显著的正向影响；家族控制对竞争战略的标准化系数为 0.374，且 P 小于 0.05，表明家族控制对竞争战略具有显著的正向影响；家族同心对社会资本的标准化系数为 0.435，且 P 小于 0.05，表明家族同心对社会资本具有显著的正向影响；能者接班对危机处理的标准化系数为 0.389，且 P 小于 0.05，表明能者接班对危机处理具有显著的正向影响；权力安排对人力资本的标准化系数为 0.318，且 P 值达到了 0.05 的显著水平，表明权力安排对人力资本具有显著的正向影响；家族使命感、企业家精神、竞争战略、社会资本、危机处理、人力资本、家族控制、家族同心、能者接班、权力安排对企业绩效的标准化系数分别为：0.178、0.186、0.154、0.167、0.134、0.144、0.133、0.161、0.169、0.158，且 P 值均达到了 0.05 的显著水平，表明家族使命感、企业家精神、竞争战略、社会资本、危机处理、人力资本、家族控制、家族同心、能者接班、权力安排对企业绩效均具有显著的正向影响。

表 4 – 19　　　　　　　　　　结构方程模型路径系数

路径关系			标准化系数	非标准化系数	标准误差	T 值	P	假设成立
家族控制	←	家族使命感	0.471	0.495	0.079	6.27	***	支持
家族同心	←	家族使命感	0.332	0.259	0.061	4.216	***	支持
能者接班	←	家族使命感	0.476	0.419	0.069	6.075	***	支持
权力安排	←	家族使命感	0.328	0.295	0.071	4.174	***	支持
竞争战略	←	企业家精神	0.482	0.462	0.069	6.682	***	支持
社会资本	←	企业家精神	0.474	0.542	0.079	6.894	***	支持
危机处理	←	企业家精神	0.19	0.202	0.077	2.634	0.008	支持
人力资本	←	企业家精神	0.379	0.385	0.073	5.273	***	支持
竞争战略	←	家族控制	0.374	0.305	0.055	5.501	***	支持
社会资本	←	家族同心	0.435	0.568	0.091	6.216	***	支持
危机处理	←	能者接班	0.389	0.42	0.082	5.123	***	支持
人力资本	←	权力安排	0.318	0.321	0.073	4.423	***	支持
企业绩效	←	家族使命感	0.178	0.141	0.062	2.29	0.022	支持
企业绩效	←	企业家精神	0.186	0.165	0.074	2.233	0.026	支持
企业绩效	←	竞争战略	0.154	0.142	0.066	2.158	0.031	支持
企业绩效	←	社会资本	0.167	0.129	0.058	2.245	0.025	支持
企业绩效	←	危机处理	0.134	0.112	0.05	2.227	0.026	支持
企业绩效	←	人力资本	0.144	0.125	0.054	2.309	0.021	支持
企业绩效	←	家族控制	0.133	0.101	0.051	1.963	0.05	支持
企业绩效	←	家族同心	0.161	0.163	0.07	2.348	0.019	支持
企业绩效	←	能者接班	0.169	0.152	0.062	2.436	0.015	支持
企业绩效	←	权力安排	0.158	0.139	0.055	2.533	0.011	支持

4.4　本章小结

　　本章从观测对象、样本特性和行为特征三个方面提出家族企业基因识别路径，并提出基于扎根分析的家族企业基因研究框架。借助质性分析软件 MAXQDA 12.0，对九个家族企业进行扎根分析，获取家族企业基因要素。

首先，对福特汽车公司福特汽车公司第一代企业家行为进行扎根分析，获得家族控制、家族同心、能者接班、企业家精神、人力资本、社会资本、权力安排、危机处理和竞争战略 10 个范畴。其次，继续对福特汽车公司第二代、第三代、第四代企业家行为进行扎根分析，获得家族使命感范畴。在确定没有新的范畴和面向出现后，对获得的十个范畴进行初始定义。

依据同样的步骤再对贝塔斯曼公司、BMW 公司、EXOR 公司、塔塔集团、标致公司、嘉吉公司、喜力控股公司、三得利控股有限公司八个家族企业进行扎根分析，和福特汽车公司的扎根结果进行比较，完善十个范畴及其面向；并进行文献比较，对十个范畴进行再定义。

将 10 个范畴作为家族企业基因要素，构建家族企业基因的 DNA 模型和结构方程初始模型，然后设计问卷题项并进行问卷调查。借助 SPSS 22.0 和 AMOS 22.0 数据分析软件对获得的数据进行分析，验证了家族企业基因的 DNA 模型。

第5章

家族企业基因的代际传承
机理及实证分析

5.1 家族企业基因的代际传承机理模型

家族企业基因代际传承机理由遗传和变异两个机理构成,见图 5-1。家族企业基因代际传承是实现家族企业旧结构向新结构转变的过程,家族企业基因在启动、交接、护航和放手四个阶段内完成复制、表达、重组和突变四个过程,分别履行传承、促进、创新和破坏功能,实现家族企业系统旧结构向新结构的转变。家族企业基因复制、表达和重组机理必须有序完成,并抑制基因突变行为,才能促成家族企业新结构的产生。如果家族企业基因的复制和表达能正常履行传承和促进功能,基因顺利重组,家族企业形成新的结构和发展模式。如果家族企业基因复制和表达能正常进行,而基因的重组环节出现问题,无法完成创新功能,家族企业维持现有的系统结构和既定的发展模式。如果家族企业基因的复制和表达不能正常完成,会导致基因无法重组或基因突变;基因无法重组导致家族企业现有的系统结构就会难以为继,企业发展模式失去调整机会,企业可能走向衰落;基因突变则会破坏现有结构,企业存在失去发展根基。

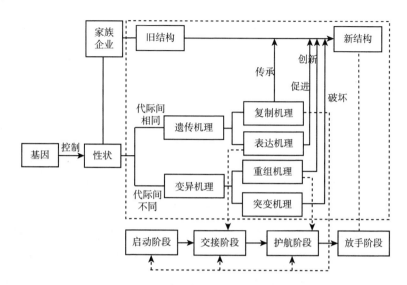

图 5 - 1　家族企业基因的代际传承机理

5.2　家族企业基因代际遗传机理

5.2.1　家族企业基因遗传机理模型

家族企业基因在代际间的遗传机理包括复制和表达两个阶段，见图 5 - 2。家族企业 DNA 以自身为模板完成复制，然后通过转录形成企业文化，再经

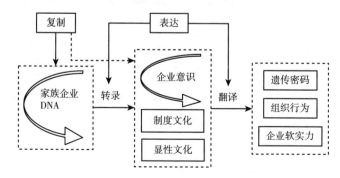

图 5 - 2　家族企业基因代际遗传机理

过翻译形成企业软实力，完成表达过程。在转录环节，家族企业 DNA 首先转变为企业意识，将家族企业 DNA 双链结构转变为单链结构，完成自我复制，然后转变为企业制度文化和显性文化。在翻译环节，企业文化承载的遗传密码作用于组织行为，最后形成企业软实力。

5.2.1.1　家族企业基因复制特性

生物体要保持物种的延续，子代必须从亲代继承控制个体发育的遗传信息。同样，家族企业要实现延续，继任者必须从现任者继承控制企业性状的遗传信息。控制企业性状的遗传信息即家族企业基因，只有成功地复制自己，才能确保企业性状在代际更替中保持稳定。

家族企业基因是企业存在的内在结构，只有稳定的结构才能发挥相应的功能。家族企业代际传承是决定家族企业从旧的系统向新的系统演化的关键节点。家族企业新旧系统更替的目标是实现企业的可持续经营。而家族企业基因是决定企业发展核心要素的集合，因此，在代际传承时必须将家族企业基因从家族企业旧的系统复制到新的系统。只有这样，才能保证新旧系统拥有相同的内在结构。稳定的内在结构是家族企业各个子系统正常运转的关键。

家族企业基因复制和生物基因复制存在两个不同点，一是复制周期长，二是参与复制的主体具有能动性。家族企业基因复制跨越家族企业现任者和继任者的整个生命周期的几乎所有阶段，只要有两代人同时甚至相继存在，就会有代际复制发生。在这一漫长的社会互动过程中，基因承载的遗传信息以不同角色作为载体从现任者向继任者转移。结构主义角色理论认为，角色是主体对于他人提出的期望而产生的规范的服从；互动主义角色理论认为角色的本质是主体在与他人进行相互的适应性过程中的创造性活动，而不是简单地服从（Turner，1962，1985）。[229] 因此，家族企业基因复制活动既有继任者对现任者期望的服从，也有继任者主体能动性的发挥。继任者主体能动性的发挥和现任者的角色期望之间会产生冲突，家族企业基因复制需要预防或者解决冲突问题。

5.2.1.2　家族企业基因的表达中介和表达产物

生物基因的遗传中心法则表明，生物基因必须借助 RNA 分子作为遗传中介，完成转录过程。RNA 分子分为信使 RNA、转移 RNA、核糖体 RNA，分别承担三种功能。信使 RNA 的功能是把 DNA 片段上的遗传信息准确无误地记录下来，并完成遗传信息的传递过程。转移 RNA 的功能是根据信使 RNA 的遗传信息依次准确地将它携带的氨基酸连接成多肽链。核糖体 RNA 是以 DNA 为模板合成的单链，组成核糖体的主要成分，成为蛋白质合成的中心。因此，需要确定家族企业的 RNA，分析其在家族企业基因转录环节的作用。

在生物基因理论中，RNA 和 DNA 都是同一类高分子化合物——核酸，前者为核糖核酸，后者为脱氧核糖核酸；RNA 和 DNA 都含有四个碱基，DNA 含有 A\G\C\T，RNA 则是 A\G\C\U；RNA 也能自我复制。显然 RNA 和 DNA 具有内在的同一性。基于此，家族企业的 RNA 和家族企业基因应该具有相似的本质、结构和特性。本书认为，家族企业基因的本质是文化，将企业文化类比为家族企业的 RNA 是合理的。因为企业文化由反映组织核心特性的一组规范、态度、价值和组织模式构成，[230] 和家族企业基因的构成一致。美国著名的文化人类学家克利福德·格尔茨（Clifford Geertz）认为，作为对外环境反应的文化是一个体系、一种有内在联系的模式，这种模式由一系列"程序"组成，为社会组织和心理过程提供模板，类似遗传机制为组织生理过程提供模板一样。[231]同样，像生物一样，组织文化有着自己的遗传基因，这些基因的不同组合决定企业文化的形态、发展和变异等特征。[232]

家族企业的 RNA 即企业文化，在家族企业遗传信息的表达过程中，承担记录、传递、连接、合成场所等功能，帮助家族企业基因完成转录。

5.2.1.3 家族企业基因的表达产物

生物基因的遗传中心法则表明，生物基因借助 RNA 完成转录后，接着进入翻译环节，实现蛋白质的合成。蛋白质是与生命及与各种形式的生命活动紧密联系在一起的物质，是生命的物质基础。蛋白质是生命活动的主要承担者，机体中的每一个细胞和所有重要组成部分都有蛋白质参与，为生命活动提供能量。可以说，没有蛋白质就没有生命。基于此，需要确定家族企业的蛋白质以及在家族企业遗传信息表达中的功能。

为了确定家族企业的蛋白质，首先，需要厘清家族企业蛋白质的特性。

尽管蛋白质对生命有机体来说，意味着生命活动的物质基础和能量。但是，家族企业蛋白质应该是企业生命活动的意识基础和精神力量。因为，家族企业基因作为一种价值体系构成家族企业的深层结构，显然这种结构是一种软结构，发挥的是一种软力量。那么，家族企业基因表达的产物，即家族企业蛋白质，也是一种软的物质和力量。其次，需要理清家族企业文化和家族企业蛋白质之间的关系。RNA 携带的遗传密码和被 RNA 转移来的氨基酸共同决定蛋白质的合成，可见，RNA 不仅决定蛋白质的合成方式，也同时为蛋白质的合成提供原料来源。家族企业文化同样决定家族企业蛋白质的合成方式和原料来源。因此，将家族企业的蛋白质确定为企业软实力。

软实力概念由哈佛大学约瑟夫·奈教授（Joseph Nye）1990 年首先提出。约瑟夫·奈认为，要达到预期的效果不用施加过多有形的力量是有可能的，并将软实力界定为一个国文化与意识形态的吸引力，即通过吸引而非强制的方式达到预期结果的能力。[233]接着，约瑟夫·奈又指出了软实力的来源，"国家的软力量来自文化、政治价值观、外交政策"。[234]此后，很多学者将软实力概念应用到地区、城市和企业等其他类型组织中。从利益相关者视角界定，企业软实力是获取利益相关者价值认同的能力。企业通过对经营理念的塑造、占有、转化、传播，以吸引企业利益相关者，获取他们的价值认同，使他们产生企业所预期的行为。[235]如果企业的利益相关者能够认同企业的价值，就会产生无形的吸引力。在企业组织研究领域，一般认为企业文化是企业软实力的来源。

因此，企业的软实力作为家族企业蛋白质是合适的。企业文化是企业软实力的来源，也决定其形成方式。企业软实力作为一种价值影响力量，是家族企业拥有持续竞争优势的根本所在。在 21 世纪，企业的竞争不是资源的竞争而是价值的竞争。家族企业的竞争优势不再是拥有多少有形的资源，而是凭借整合资源而形成的价值创造能力。

5.2.2　家族企业基因复制机理

家族企业代际传承活动发生在家族企业现任者和继任者的整个生命周期的几乎所有阶段，只要有两代人同时甚至相继存在，就会有代际转移发生。对于家族企业继任者来说，家族企业代际传承伴随他的整个职业生涯，[236]时间跨度至少 20 年。[237]根据继任者的职业生涯的发展，将家族企业基因复制分为启动、交接和护航三个阶段。昂德莱（Handler，1990）认为，为了实现成功的权力交接，家族企业创始者和接班人都必须不断地对自己在企业中的角色进行调整。[238]角色扮演意味着现任者（创始者）和继任者（接班人）承担某种社会角色，并按照这一角色所要求的行为规范去活动。家族企业基因作为一种价值观结构，为家族企业基因复制阶段的每个角色确立行为规范。在每一个阶段中，家族企业基因以不同角色作为载体，通过社会互动完成复制，复制机理见图 5 - 3。

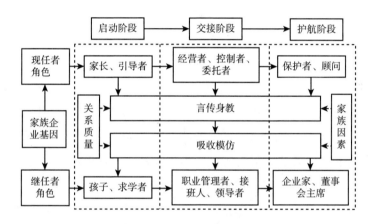

图 5 - 3　家族企业基因复制机理

家族企业基因作为一种价值观结构从现任者向继任者传递，具体的传递过程需要从价值观和角色理论两个层面分析。首先，价值观是指主体按照客观事物对其自身及社会的意义或重要性进行评价和选择的原则、信念和标准，[239]教育是主体价值观形成的主要途径。通过家庭教育，父母通过言传身教的方式将自己的价值观转移给后代，通过学校等其他群体教育影响个体价值。个体通过遵从父母的教诲和模仿他人，开始意识到价值观的存在，然后对自己的价值观念作出选择，并试图将各种价值观念融合为一个有内聚力的整体。[240]其次，美国社会学家戴维·波普诺认为，社会、团体的其他成员对角色扮演者产生期待，个体扮演者通过团体中的成员的"言传"和"身教"，不断学会适应该角色的要求，使其行为符合角色的期待。[241]因此，家族企业基因通过言传身教和吸收模仿，实现继任者所扮演角色的演变。

生物学研究表明，个体发育阶段性转变的过程，实际上是不同基因被激活或者被阻遏的过程。在个体发育的某个阶段，某些基因被激活而得到表达，另一些基因则处于被阻遏或者保持阻遏状态。因此，家族企业基因在不同阶段的作用于不同角色，将不同的基因要素转化为继任者不同角色的行为模式。现任者在继任者很小的时候就不断通过自己的言行和举止施加各种影响，期望继任者不仅遗传自己的生物基因，还能吸收自己的价值观，成为"另一个自己"。继任者经过长期的吸收模仿，将家族企业基因内化为自身的心智模式和角色行为模式，最终从家族成员成长为家族企业家。

中国著名的社会学学者周晓虹认为，角色通过二者互动创造。[242]家族企业基因复制发生在现任者和继任者之间，也必然存在互动行为。而良好的亲情互动传递机制，会使子女产生归属感，同时亦使后代相对易于接受父母的各种互动符号（毛晓光，2001）。[243]已有的家族企业代际传承研究也表明，继任者和现任者的关系质量在家族企业是非常重要的，[244]两者的关系质量和家族企业成功传承显著正相关。现任者和继任者的关系信任能够推动继承人接受现任者作为角色模范的角色，以及他们作为导师带来的心理和职业功能。[245]因此，家族企业基因复制效果需要现任者和继任者的关系质量来调节。

家族企业基因的复制也受到家族文化、其他家族成员等家族因素的影响。比如，日本的很多家族企业从很小的时候就听奶奶讲述企业的故事。[246]

5.2.3 家族企业基因复制机理实证分析

5.2.3.1 假设提出

如前所述，家族企业基因的复制机理体现现任家族企业家的言传身教和继任家族企业家的吸收模仿过程。

"言传身教"最早出现在帛书《黄帝四经》中，记载的是舜每五年一次巡行天下各地，向诸侯言传身教地讲述治国的道理。《庄子·天道》："语之所贵者意也，意有所随。意之所随者，不可以言传也。"此后在诸多儒家家风规范中出现，南朝范晔《后汉书 第五伦传》："以身教者从，以言教者论。"；司马光《家范》卷三父母/父/母中，"君子教子，遵之以道"；宋朝袁采《世范》中，"为父者曰：吾今日为人之父，盖前日尝为人之子矣。凡吾前日事亲之道，每事尽善，则为子者得于见闻，不待教诲而知效。倘吾前日事亲之道有所未善，将以责其子，得不有愧于心！"[247]在《汉语大词典》[248]和《现代汉语词典》[249]中，"言传身教"解释为一面口头上传授，一面行动上以身作则，指言语行为起模范作用。家族企业基因是言传传教的内容。尽管家族企业基因本质上表现为价值体系，但是要将价值体系传递给继任者，必须以经验为事实依据。这种父辈经验需要确定其操作化定义。根据朱仁宏等（2017），[250]父辈经验划分为"在家族企业日常经营过程管理中，父辈所给予的建议"和"父辈传授给子女的商业经验和技巧"两个维度。本书将家族控制、家族同心、能者接班、权力安排、竞争战略、社会资本、危机处理和人力资本八个基因要素所需要的经验划分为管理经验、决策经验和外交经验三个维度。

家族企业基因的复制效果表现为继任者的角色学习过程，学习效果用继任者的角色能力来体现。

假设 1：在任者的言传身教对继任者能力提高具有正向的影响作用。

假设 1a：在任者传授管理经验的次数越多对继任者能力提高有正向的影响作用。

假设 1b：在任者传授决策经验的次数越多对继任者能力提高有正向的影响作用。

假设 1c：在任者传授外交经验的次数越多对继任者能力提高有正向的影响作用。

如 5.2.2 所述，家族企业现任者和继任者的关系好坏会影响继任者的企业家角色模仿效果，进而影响继任者能力提高。由此提出假设 2：

假设 2：在任者—继任者关系质量在言传身教和继任者能力的关系中起到正向调节作用。

假设 2a：在任者—继任者关系质量在在任者传授管理经验和继任者能

力的关系中起到正向调节作用。

假设2b：在任者—继任者关系质量在在任者传授决策经验和继任者能力的关系中起到正向调节作用。

假设2c：在任者—继任者关系质量在在任者传授外交经验和继任者能力的关系中起到正向调节作用。

根据上述假设，构建理论模型见图5-4。

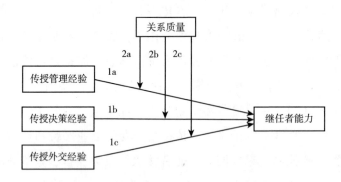

图5-4　家族企业基因复制机理的理论模型

5.2.3.2　数据来源

因为家族企业基因的传承至少涉及两代企业家，所以样本的选择必须是已经传承到第二代的家族企业，并将"已经传承到第二代"严格界定为家族第二代接任董事长。样本选择过程如下：

第一步，根据深圳国泰安信息技术有限公司提供的 CSMAR 民营上市公司数据库，获取了 1998～2017 年所有"实际控制类型"为"自然人或家族"的企业，共 2240 个。

第二步，通过阅读企业"控制人链图"等资料追溯企业最终控制人为家族成员的企业，共 1110 个。

第三步，对照企业历年"高管个人资料"筛选出同时有两名或者以上家族成员加入董事会、高管团队或监事会的企业。进一步确认家族成员的关系，筛选出家族一代和二代同时在高管团队的企业。通过历年的高管名单变化和年报中的高管简历，确认二代进入企业管理层的时间，共 339 个。

第四步，通过公司财务年报确认家族二代已经担任董事长的企业，但是为方便比较，排除继任者在上市公司担任董事长时间不超过 1 年，但已经接班上市公司的母公司（控股公司）的样本，最终获得 81 个家族企业，见表 5 – 1。

本书主要数据来源于 CSMAR 和巨潮资讯网的数据，鉴于缺失等原因，本书还通过国内专业性股票网站、百度等渠道进行弥补和相互印证。

表 5 – 1　　　　　　已经接班的 81 个中国上市家族企业

联美量子	浙江众成包装	济民制药	麦趣尔停牌
人福医药	宁波韵升	科达集团	奇信股份
江苏永鼎股份	腾达建设	中路 – 永久	嘉寓股份
冠城大通	浙江龙盛	ST 生化	阳谷华泰
东方金钰	浙江天通电子	金圆股份	利德曼
甘肃大禹节水	三安光电	ST 众和股份	戴维医疗
浙江利民化工	江南模塑	山东威达	海达股份
露笑科技	鲁泰纺织	恒星科技	天银机电
申科滑动	湖北京山轻工	塔牌集团	永贵电器
大连壹桥（晨鑫科技）	新希望	联化科技	花园生物
山东得利斯	大亚圣象	ST 东南	红相电力
山东矿机	西王食品	美特斯邦威	黄河旋风
山东丽鹏	ST 金宇汽车城	亚太股份	卧龙地产
上海新朋实业	海特高斯	隆基机械	曙光股份
上海新时达	恒宝股份	雅克科技	广东明珠
深圳新亚电子制程	广陆数测	东方铁塔	好当家集团
天津赛象科技	ST 武汉凡谷	三七互联	江南高纤
兴民智通	南洋股份	万安科技	界龙实业
浙江金固	华帝股份	浙江美大	春秋航空
浙江闰土	德宏汽车	煌上煌	新宏泰停牌
柯利达			

针对本书选择的 81 个企业样本，采集从继任者进入企业工作开始直到担任董事长为止（1995～2017 年）这一期间的数据，共获得 348 个观测值。

5.2.3.3 变量测量

1. 被解释变量。被解释变量为家族企业基因的复制效果。家族企业基因复制效果即继任者的企业家能力（Scs）作为替代变量。继任者的企业家角色能力的形成是一个长时间的过程。在企业情景中通过担任不同职位来学习企业家角色的适应能力。继任者在企业中担任的职位越多，时间越长，企业家角色的适应能力就越强。因此，用继任者在企业中担任的职位类别和时间来测量家族企业基因在继任者身上的复制效果。职位类别分为基层、中层、高层，继任者在该三个层级工作分别形成的是企业家角色所需要的能力。因此，企业家能力用继任者在基层、中层和高层工作时间之和来测量。

2. 解释变量。解释变量为现任者的言传身教。在任者传授管理经验（Ime）的传授可以用现任者和继任者同在管理层的年限来衡量，现任者传授决策经验（Ide）的传授可以用现任者和继任者同时出席高层会议的次数来衡量，现任者传授外交经验（Ise）的传授可以用现任者和继任者同时出席外部活动的次数来衡量。

3. 调节变量。调节变量为现任者–继任者的关系质量（Isr）。在家族企业研究领域，现任者和继任者之间的高质量关系是指两者之间具有较高的信任、相互支持、开放并热衷交流、彼此欣赏对方的成就。[251]在任者和继任者之间的关系用企业交接时期有无冲突来表示，有冲突记为1，无冲突记为0。

4. 控制变量。为更好控制其他不可观测因素对继任者能力的影响，需要设定控制变量。在任者向继任者传授企业家经验时，两者之间的知识差距会影响继任者对在任者企业家经验的接收。知识差距用年龄差距（Isag）和学历差距（Iseg）衡量。在任者和继任者的年龄 = 样本年份 – 出生年份。在任者和继任者之间取差值而后标准化的数值即为年龄差距的最终取值。将学历水平分为博士、硕士、本科、大专、高中/中专以下五个等级，并分别赋值5至1，在任者和继任者之间取差值而后标准化的数值即为学历差异的最终取值。[252]

家族企业规模（Size）：使用总资产的自然对数，可以有效清除企业规模带来的偏差。

行业类型（Ind）：根据中国证券监督管理委员会颁布的《上市公司行

业类别分布》作为样本企业行业分类的标准，共划分为 9 个大类，采用行业虚拟变量来控制行业因素对结论的影响。

年度（Year）：采用年份哑变量来控制年份对结论的影响，见表 5 - 2。

表 5 - 2   变量测量表

变量类型	变量名称	变量代码	测量方法
因变量	继任者能力	Scs	继任者在基层、中层和高层工作时间之和来测量
自变量	传授管理经验	Ime	在任者和继任者同在管理层的年限来衡量
	传授决策经验	Ide	在任者和继任者同时出席高层会议的次数来衡量
	传授外交经验	Ise	在任者和继任者同时出席外部活动的次数来衡量
调节变量	在任者—继任者的关系质量	Isr	用企业交接时期有无冲突来表示，有冲突记为 1，无冲突记为 0
控制变量	学历差距	Iseg	学历差异的最终取值按照在任者和继任者之间取差值而后标准化
	年龄差距	Isag	年龄差距的最终取值按照在任者和继任者之间取差值而后标准化
	企业年龄	Age	自企业成立至继任者担任董事长的时间
	企业规模	Size	总资产的自然对数
	行业	Ind	根据行业一级代码共分为九个行业，设置 8 个虚拟变量
	年份	Year	1995 ~ 2017 年共 23 年，设置 22 个虚拟变量

5.2.3.4　模型设计

针对假设 1，设计以下模型：

$$Scs = \alpha_0 + \beta_1 Ime + \beta_2 Iseg + \beta_3 Isag + \beta_4 Size + \sum Ind\_dummy$$
$$+ \sum Year\_dummy + \varepsilon \tag{5-1}$$

$$Scs = \alpha_0 + \beta_1 Ide + \beta_2 Iseg + \beta_3 Isag + \beta_4 Size + \sum Ind\_dummy$$
$$+ \sum Year\_dummy + \varepsilon \tag{5-2}$$

$$Scs = \alpha_0 + \beta_1 Ise + \beta_2 Iseg + \beta_3 Isag + \beta_4 Size + \sum Ind\_dummy$$
$$+ \sum Year\_dummy + \varepsilon \tag{5-3}$$

针对假设 2，调节效应的检验采用了交互项的方式，并设计以下模型：

$$Scs = \alpha_0 + \beta_1 Ime + \beta_2 Isr + \beta_3 Ime \times isr + \beta_4 Size + \sum Ind\_dummy$$

$$+ \sum Year\_dummy + \varepsilon \tag{5-4}$$

$$Scs = \alpha_0 + \beta_1 Ide + \beta_2 Isr + \beta_3 Ide \times isr + \beta_4 Size + \sum Ind\_dummy$$

$$+ \sum Year\_dummy + \varepsilon \tag{5-5}$$

$$Scs = \alpha_0 + \beta_1 Ise + \beta_2 Isr + \beta_3 Ise \times Isr + \beta_4 Size + \sum Ind\_dummy$$

$$+ \sum Year\_dummy + \varepsilon \tag{5-6}$$

因为解释变量 Ime、Ide、Ise 为连续变量，调节变量 Isr 为类别变量，所以以调节变量 Isr 的取值分组，做分组回归，若回归系数的差异显著，则调节效应显著。

5.2.3.5　回归结果分析

1. 描述性分析和相关性分析。根据表 5 - 3，Ime 的均值为 7.28，标准差为 3.613，说明分布集中，传授管理经验是家族企业现任者普遍的做法；Ide 均值为 16.79，标准差为 17.656，说明分布不够集中，传授管决策经验在家族企业现任者中存在一定差异；Ise 均值为 20.21，标准差为 17.897，说明分布较为集中，传授外交经验是家族企业现任者比较普遍的做法。Isr 均值为 0.98，标准差为 0.156，说明分布很集中，家族企业现任者和继任者的关系普遍很好。Iseg 均值为 1.12，标准差为 0.954，说明分布集中，家族企业现任者和继任者之间的普遍存在学历差距，但是现任者和继任者的学历差距的值并不大。Isag 均值为 26.14，标准差为 3.697，说明分布集中，家族企业现任者和继任者之间普遍存在较大的年龄差距。

在检验方程之前还需要明确是否存在多重共线性问题，否则可能导致变量系数的偏差和不稳定性。本书计算了 Pearson 相关系数矩阵，发现解释变量、调节变量和控制变量的相关系数基本都小于 0.4（见表 5 -4），因此，没有出现严重的共线性问题。

表 5 - 3   描述统计量

变量	N	极小值	极大值	均值	标准差
Ime	348	1	15	7.28	3.613
Ide	348	0	76	16.79	17.656
Ise	348	0	79	20.21	17.897
Isr	348	0	1	0.98	0.156
Iseg	348	0	3	1.12	0.954
Isag	348	17	37	26.14	3.697
Size	348	16.945	24.290	21.115	1.203
Scs	348	0	15	6.33	3.691

表 5 - 4   变量相关性

变量	Ime	Ide	Ise	Isr	Iseg	Isag	Size	Scs
Ime	1.00							
Ide	0.365**	1.00						
Ise	0.440**	0.324**	1.00					
Isr	-0.165	0.116	0.002	1.00				
Iseg	0.160	0.299**	0.277*	0.189	1.00			
Isag	0.020	-0.327**	-0.379**	0.136	0.027	1.00		
Size	0.061	0.051	0.042	0.021	0.112	0.130	1.00	
Scs	0.897**	0.469**	0.536**	-0.159	0.038	-0.195	0.031	1.00

注：**、*分别表示在 0.01、0.05 水平（双侧）上显著相关。

从表 5 - 4 看，在任者传授管理经验（ime）、在任者传授决策经验（ide）、在任者传授外交经验（ise）和继任者能力（scs）之间显著正相关。从控制变量看，学历差距（iseg）、年龄差距（isag）和继任者能力（scs）负相关；企业规模（size）和其他变量没有显著的相关关系。为了进一步分析变量之间的相关关系，需要进行多元回归分析。

2. 回归结果分析。采用 STATA 14.0 进行数据处理验证假设 1 和假设 2。假设 1 的模型 1、模型 2、模型 3，主效应采用 OLS 模型进行回归，假设 2 的模型 4、模型 5、模型 6，调节效应的检验采用交互项的方式。对所有回归方程进行多重共线性检验，VIF 均在 4 以下，说明不存在严重的共性问题。在检验模型 4、模型 5、模型 6 前，对各个自变量和调节变量去中心化，然后进行回归分析。回归结果如表 5 - 5 所示。

表 5 - 5　　　　　　　　　　回归结果检验

| 变量 | 模型 1 | 模型 2 | 模型 3 | 模型 4 | 模型 5 | 模型 6 |
	Scs	Scs	Scs	Scs	Scs	Scs
_cons	5.452 (4.688)	5.894 (2.016)	3.687 (1.271)	6.328 (34.500)	6.207 (17.226)	-0.449 (0.883)
Ime	0.938 *** (21.320)			0.915 ** (17.669)		
Ide		0.103 *** (4.396)			0.095 ** (4.692)	
Ise			0.120 *** (5.376)			0.111 ** (5.721)
Isr				-0.275 (-0.229)	0.400 (0.030)	-3.783 (-1.706)
Ime × Isr				0.228 *** (2.86)		
Ide × Isr					0.091 *** (2.50)	
Ise × Isr						0.203 *** (2.50)
Iseg	-0.401 (-2.403)	-0.419 (-1.125)	-0.482 (-1.241)	0.036 (1.00)	0.476 (2.89)	0.140 (2.41)
Isag	-0.210 (-4.957)	-0.031 (-0.292)	0.029 (0.281)	0.134 (2.32)	0.156 (2.60)	0.182 (2.54)
Size	0.080 (1.25)	0.044 (0.52)	0.053 (0.61)	0.014 (0.16)	0.055 (0.70)	0.065 (0.74)
Ind	control	control	control	control	control	control
Year	control	control	control	control	control	control
R^2	0.861	0.232	0.302	0.805	0.266	0.313

注：*** 、** 分别表示在 0.01、0.05 的显著水平；括号内为回归系数的 t 统计量。

模型 1、模型 2、模型 3 的回归结果表明，家族企业在任者的言传身教和继任者的能力之间存在显著相关性，其中在任者管理经验的传授对继任者能力形成更为重要。

模型 1 的回归结果还表明，控制变量知识差距和年龄差距对继任者能力的形成是负相关的，说明知识差距和年龄差距越大，对家族企业在任者管理经验传授和继任者能力形成之间的关系影响越小。模型 2 和模型 3 的回归结果表明，知识差距和年龄差距对在任者传授决策经验、外交经验和继任者能力形成之间的关系影响很小。

模型 4 结果表明，关系质量和传授管理经验的交互项（Ime × Isr）和因变量显著正相关，在任者和继任者关系越好对继任者能力提升越有帮助。所以，关系质量对家族企业在任者管理经验传授和继任者能力形成之间的关系具有调节作用。模型 5 结果表明，关系质量和传授决策经验的交互项（Ide × Isr）和因变量显著正相关，关系质量对于在任者决策经验与继任者能力形成之间有正向调节作用。模型 6 结果表明，关系质量和传授外交经验的交互项（Ise × Isr）和因变量显著正相关，关系质量对在任者外交经验传授和继任者能力形成之间具有正向调节作用。总之，假设 2成立。

3. 稳健性检验。为了确保研究结论的可靠性，进行如下稳健性检验：使用公司员工人数替代总资产公司规模；用在任者和继任者相互赞许程度来表示在任者—继任者的关系质量（Isr），然后进行回归分析，回归结果与前文回归结果基本一致，说明本书得出的结论具有稳健性。

5.2.4　家族企业基因表达机理

在家族企业代际传承过程中，家族企业基因通过领导、表征和认同转录为企业文化。家族企业基因为企业文化的形成提供模板，企业文化的意识层、制度层和行为层分别承担家族企业基因的记录、连接和主导的功能。

家族企业软实力对内表现为能力，对外表现为权力或力量（或影响力）。[253]家族企业软实力的翻译分为合成和传播两个部分。家族企业文化的意识层携带遗传密码促成家族企业软实力的内部合成，在此基础上通过对外传播，将家族企业内部能力转化为吸引外部利益相关者的能力。实现外部传播。在转录环节，企业文化的主要功能是适应外界环境和整合内部能力。家族企业基因的表达机理见图5－5。

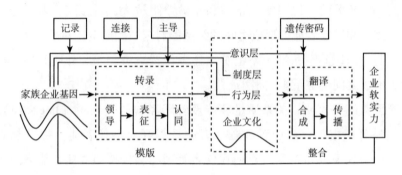

图 5 － 5　家族企业基因的表达机理

5.2.4.1　家族企业基因的转录

企业文化研究的权威学者沙因（Schein）将文化划分为三个层次：基本假设、信奉的信念和价值观、人工饰物。基本假设是一种无意识的，视为理所当然的信念、知觉、想法和感受等，是价值观和行动的最终来源。[254]这些基本假设是一个群体在适应外部环境和进行内部整合时，在不断解决各种问题的过程中所获得的、为所有成员认同。沙因认为，要发现文化的基本元素，直接探究群体成员的认知和思维背后的潜在价值观和假设是一种途径。[255]而群体成员的认知和思维和企业创始人的价值观有不可分割的联系。组织创建者的经营哲学通过甄选标准传递给最高层管理者和企业员工，最终形成组织文化。[256]组织文化的来源最终指向组织创建者。本书采用扎根理论探究了家族企业几代领导者的经营管理行为，归纳出的基因要素即为企业文化的基本元素。正如宝马汽车第四代领导者斯凡特－匡特说，家族做事方式和格调变成企业文化。家族企业基因成为家族企业文化的母体。

1. 文化领导。家族企业是一个文化系统，其核心为意识形态。美国著名的文化人类学家格尔茨（Geertz）认为，意识形态是人类认知、情感地图和集体意识母体。意大利著名的思想家葛兰西（Gramsci）认为，在社会系统中，意识形态的控制权无处不在，类似于文化的作用或中国古代所说的"王道"。[257] 意识形态的控制权实际上就是领导权/文化领导权（cultural hegemony）。因此，在家族企业代际传承中，代表家族意识形态的家族企业基因要在企业文化层面得到充分体现，必须获得对文化的领导权，将家族企业转变为家族意识形态控制的文化系统。

2. 文化表征。家族企业基因作为一种家族企业的意识形态，是观念层面的概念，要想作用于组织成员的个体意识并实现代际延续，必须通过意义交换实践实现。正如美国著名的文化人类学家霍尔（Hall）所说，文化指涉的是一种某一社会或集团成员间的意义生产和交换的实践。而意义需要符号（Symbols）来表征，即通过语言及其他文化符号言说或代表某个事物，并生产与这一事物有关的某种文化意义。[258]

3. 文化认同。家族企业基因只有被组织成员认同，才能延续下去。没有得到组织成员认同的家族企业基因，并不能成为真正的文化内涵。认同一词，源于拉丁语"idem"，意为"相同的事物"，认同的英文概念本意就是"身份"，在心理分析文献中，认同是指一种特定的情感联系。在家族企业代际传承过程中，文化认同（cultural identity）将家族企业基因转化为组织成员个体的认知并内化为其价值观，实现成员个体对组织的归属感、自豪感和忠诚度等情感归依。通过文化认同，家族企业基因实现自动控制组织成员行为的目的。在家族企业代际传承过程中，文化认同能发挥一种降低不协调性的自发机制，帮助组织成员修正自身的行为，达到与组织代际传承目的一致性。

5.2.4.2 家族企业基因的翻译

由图 5-5 可知，家族企业基因表达的第二个环节翻译。在生物基因表达中，蛋白质的生物合成称为翻译。蛋白质由氨基酸组成。DNA 分子中每个碱基是一个密码符号，三个碱基组成三联体密码。每个三联体密码决定一个氨基酸的合成。[274] 在家族企业基因表达中，家族企业软实力的合成，同样由家族企业基因模型中的三个要素组成三联体密码来决定。但是，家族企业的遗传密码（三联体密码）除了存在简并现象，即所有氨基酸都由 2 种或 2 种以上的密码子编码，第三个碱基具有灵活性以外，三个碱基中必须有家族控制碱基。因为本书的对象是家族控制性企业，家族企业如果没有家族控制权因子，不能称之为家族企业。经过上述处理过程，家族企业软实力的遗传密码字典，见表5－6。

表5－6 家族企业软实力的遗传密码字典

第一碱基	第二碱基								第三碱基
	FC	CS	FH	SC	PA	HC	AS	CM	
FC	FCFCFC	FCCSFC	FCFHFC	FCSCFC	FCPAFC	FCHCFC	FCASFC	FCCMFC	FC
	FCFCCS	FCCSCS	FCFHCS	FCSCCS	FCPACS	FCHCCS	FCASCS	FCCMCS	CS
	FCFCFH	FCCSFH	FCFHFH	FCSCFH	FCPAFH	FCHCFH	FCASFH	FCCMFH	FH
	FCFCSC	FCCSSC	FCFHSC	FCSCSC	FCPASC	FCHCSC	FCASSC	FCCMSC	SC
	FCFCPA	FCCSPA	FCFHPA	FCSCPA	FCPAPA	FCHCPA	FCASPA	FCCMPA	PA
	FCFCHC	FCCSHC	FCFHHC	FCSCHC	FCPAHC	FCHCHC	FCASHC	FCCMHC	HC
	FCFCAS	FCCSAS	FCFHAS	FCSCAS	FCPAAS	FCHCAS	FCASAS	FCCMAS	AS
	FCFCCM	FCCSCM	FCFHCM	FCSCCM	FCPACM	FCFHCM	FCASCM	FCCMCM	CM
	1	2	3	4	5	6	7	8	
	CSFCFC	CSCSFC	CSFHFC	CSSCFC	CSPAFC	CSHCFC	CSASFC	CSCMFC	FC
	CSFCCS								CS
	CSFCFH								FH
	CSFCSC								SC
CS…	CSFCPA								PA
	CSFCHC								HC
	CSFCAS								AS
	CSFCCM								CM
	9…								

表5－6中，FC、CS、FH、SC、PA、HC、AS、CM 分别是家族控制、竞争战略、家族同心、社会资本、权力安排、人力资本、能者接班、危机管理等十个要素英文单词的第一个字母缩写而成。因为表格太长，这里省略了 FH、SC、PA、HC、AS、CM 为第一碱基构成的遗传密码。

根据表5－6排列规律，以 FC 为第一碱基组成的三联体密码64 个，以

CS、FH、SC、PA、HC、AS、CM 为第一碱基，以 FC 为第三碱基组成的三联体密码有 105 个，故含有 FC 碱基的遗传密码共有 169 个。再根据简并特征，8 个三联体密码子共同组成一个企业软实力因子，最终得到 15 种家族企业软实力因子组合，具体见表格 5 - 6 中数字 1、2、3、4、5、6、7、8、9，以及省略的 10、11、12、13、14、15。将 15 种家族企业软实力因子组合进行再归类，形成家族企业软实力因子，见表 5 - 7。

表 5 - 7 家族企业软实力因子

简并后的三联体密码子组合类型	企业软实力因子
家族控制—家族控制	控制力
家族控制—竞争战略/竞争战略—家族控制	竞争力
家族控制—家族同心/家族同心—家族控制	凝聚力
家族控制—社会资本/社会资本—家族控制	联结力
家族控制—权力安排/权力安排—家族控制	治理力
家族控制—人力资本/人力资本—家族控制	组织力
家族控制—能者接班/能者接班—家族控制	继任力
家族控制—危机管理/危机管理—家族控制	应变力

表 5 - 7 显示，家族企业软实力包括控制力、竞争力、凝聚力、联结力、治理力、组织力、继任力、应变力 8 个因子。根据软实力因子的不同特征和企业发展的需要，向利益相关者有针对性地进行价值导向传播，将家族企业内部能力转化为吸引外部利益相关者的能力。

5.2.5 家族企业基因表达机理实证分析

5.2.5.1 理论模型和假设提出

根据 5.2.4 的分析，家族企业基因、企业文化和企业软实力之间存在一种作用机理，构建理论模型见图 5 - 6，并提出如下假设命题：

假设 1：家族企业基因越强，企业文化的作用越大。

假设 2：家族企业基因越强，企业软实力越大。

假设 3：企业文化对企业软实力增强具有直接的正向影响。

假设 4：企业文化在家族企业基因与企业软实力的关系中起中介作用。

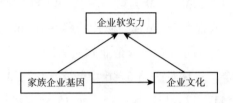

图 5 - 6　家族企业基因—文化—软实力理论模型

5.2.5.2　数据来源

针对本书选择的 81 个企业样本，采集从继任者进入企业工作开始直到担任董事长为止（1995～2017 年）这一期间的数据，共获得 485 个观测值。每个家族企业继任者进入企业工作的时间不一致，因此，采集的数据属于非平衡面板数据。

5.2.5.3　变量测量

1. 被解释变量。家族企业软实力（Fbsp）：如前 5.2.4 所述，家族企业软实力包括控制力、竞争力、凝聚力、联结力、治理力、组织力、继任力、应变力 8 个因子。8 个因子的三级指标构建，见表 5 - 8。

表 5 - 8　　　　　　　　　　家族企业软实力的测量指标

一级指标	二级指标	三级指标	指标描述
家族企业软实力	控制力 P1	实际控制人拥有上市公司控制权比例（X1）	实际控制人持有上市公司的表决权
		实际控制人拥有上市公司所有权比例（X2）	通过一致行动、多重塔式持股、交叉持股等方式，实际控制人拥有的上市公司的所有权
	竞争力 P2	销售增长率（X3）	销售增长率用来衡量家族企业成长状况和发展能力
		总资产净利润率（X4）	考察家族企业的盈利能力
	继任力 P3	技术技能（X5）	用基层工作时间来衡量继任者的技术技能
		人际技能（X6）	用中层工作时间来衡量继任者的人际技能
		概念技能（X7）	用高层工作时间来衡量继任者的概念技能
	应变力 P4	流动比率（X8）	危机处理者短期内偿还债务的能力
		速动比率（X9）	直接反应反映企业的短期偿还债务的能力

续表

一级指标	二级指标	三级指标	指标描述
家族企业软实力	治理力 P5	董事会规模（X10）	董事会规模越大，对高管的行为制衡度越大，董事会对公司治理的影响也越显著
		董事长兼任总经理（X11）	董事长兼任总经理说明对高管的权力约束强
		监事会规模（X12）	监事会规模越大，对高管的行为制衡度越大，监事会对公司治理的影响也越显著
	组织力 P6	高管团队人力资本深度（X13）	高管团队成员通过受教育和职业经验等嵌入企业所在行业的深度
		高管团队人力资本广度（X14）	高管团队成员在知识、技能、经验方面的异质性
	凝聚力 P7	家族内部没有冲突（X15）	家族成员之间没有冲突说明凝聚力强
		高管团队内部没有冲突（X16）	高管团队内部没有冲突说明凝聚强
	联结力 P8	企业家的社会关系（X17）	企业家和政府、金融机构、其他企业、媒体的关系
		企业家的社会地位（X18）	企业家拥有政治身份、经济身份、有其他身份
		企业家的社会声誉（X19）	企业家是否获得荣誉称号、荣誉嘉奖

控制力包含两个方面，一是家族拥有企业的所有权，二是基于所有权基础上对企业的表决权。参考李娜和王宣喻（2014）[259]和中国著名的数据库国泰君安的计算方法，采用最终所有权和最终控制权的方式，计算第一大股东及其所有权和表决权。以实际控制人与上市公司每条股权关系链每层持有比例相乘之总和计算所有权。控制权为控制链中控制权的最小值。

竞争力表示企业成长性好和盈利能力强，因此，选择销售增长率和总资产净利润率测量。

继任力表示继任者的能力大小，参考管理者的能力包括技术技能、人际技能和概念技能（周三多，2011），将继任力分为三个指标：技术技能用继任者是否在基层工作来赋值，是赋值 1，否赋值 0；人际技能用继任者是否在中层工作来赋值，是赋值 1，否赋值 0；用继任者是否在高层工作来赋值，是赋值 1，否赋值 0。

应变力：遇到危机时，确保资产的安全性是首要目标，危机发生时考验的是危机处理者短期内偿还债务的能力，[260]因此，采用财务指标流动比率和速动比率衡量。

治理力：董事会规模用董事会人数衡量董事会规模，人数越多，说明董事会规模越大，对高管的行为制衡度越大，董事会对公司治理的影响也越显著。董事长是否兼任总经理，兼任赋值为1，不是兼任赋值为0。监事会规模用监事会人数衡量董事会规模，人数越多，说明监事会规模越大，对高管的行为制衡度越大，监事会对公司治理的影响也越显著。

组织力：反映的是高管团队人力资本的大小。借鉴周建等（2013）对董事会人力资本的测量方法，[261]从人力资本深度和广度两个层面测量。人力资本深度选取高管团队中具有高学历成员的比例测量。借鉴巴罗索（Barroso et al.，2011）的做法，采用拥有硕士学位及其以上学历董事的比例来测度高学历成员比例。[262]人力资本广度选取高管团队中受教育水平的异质性和职业背景的异质性测量。借鉴马富萍和郭晓川（2010）的做法，[263]采用 Herfindal – Hirschman 系数计算异质性程度，即公式（5 – 7）。

$$H = 1 - \sum_{i \in E} P_i^2 \qquad (5-7)$$

在公式（5 – 7）中，H 值介于 0 ~ 1，P 代表高管团队中第 i 类成员所占百分比，E 代表种类。以博士、硕士、本科、大专、高中及以下五个等级划分受教育水平；以政府职员、行政管理（包括党务、共青团、工会等）、法律、生产制造、市场营销（包括贸易、进出口）、研发、金融财会七个类型划分职业背景。高管团队人力资本广度数值等于两个替代变量得分之和，取值介于 0 ~ 2。数值越大，说明该高管团队人力资本广度越大，反之越小。

凝聚力：用家族内部是否有冲突和高管团队内部是否有冲突两个变量测量。家族内部是否有冲突：家族内部没有冲突赋值为1，有冲突赋值为0；高管团队内部是否有冲突：没有冲突赋值为1，有冲突赋值为0。两个变量最终值的加总即为凝聚力的值。

联结力：反映的家族企业在任者的社会资本，参考游家兴（2014）[264]测量企业家社会资本的方法，将家族企业在任者的联结力用企业家的社会关系、社会地位和社会声誉三个层面的指标测量。家族企业家和政府有关系，赋值为 1，无赋值为 0；和金融机构有关系，赋值为 1，无赋值为 0；和其他企业的关系，有赋值为 1，无赋值为 0；和媒体的关系，有赋值为 1，无赋值为 0。家族企业家有政治身份，赋值为 1，无赋值为 0；有经济身份赋值为 1，无赋值为 0；有其他身份（是否在非商业机构担任领导职务），有赋值为 1，无赋值为 0；家族企业家的社会声誉，是否获得荣誉称号（是否获得劳动模范、先进个人、红旗手等称号），有赋值为 1，无赋值为 0；是否获得荣誉嘉奖（是否获得政府表彰或嘉奖），有赋值为 1，无赋值为 0。然后所有指标加总得到家族企业家联结力的值。

首先对 1998～2017 年家族企业原始数据进行无量纲标准化处理，并去除异常值，得到家族企业软实力三级指标的标准化数值。然后采用德尔菲法和独立性权数法分别确定家族企业软实力二级指标和三级指标权重。具体测量方法如下。

（1）三级指标权重。三级指标权重采用独立性权数法，即根据各指标与其他指标之间的共线性强弱来确定指标权重的。利用 SPSS 20.0 进行多元回归分析，获得各个三级指标的复相关系数（见表 5 - 9）。然后，求出各个复相关系数的倒数，并进行归一化处理，得到三级指标的权重，见表 5 - 10。

表 5 - 9　　　　　　　　　　　复相关系数表

R1	R2	R3	R4	R5	R6	R7	R8	R9	R10
0.896	0.907	0.192	0.475	0.571	0.787	0.549	0.939	0.944	0.5
R11	R12	R13	R14	R15	R16	R17	R18	R19	
0.556	0.434	0.574	0.627	0.437	0.530	0.552	0.635	0.550	

表 5 - 10　　　　　　　　　　　三级指标权重

X1	X2	X3	X4	X5	X6	X7	X8	X9	X10
0.003	0.003	0.267	0.067	0.045	0.013	0.048	0.001	0.001	0.267
X11	X12	X13	X14	X15	X16	X17	X18	X19	
0.048	0.080	0.042	0.035	0.080	0.053	0.048	0.032	0.048	

（2）二级指标相关性和权重。通过 SPSS20.0，首先对 P1，P2，P3，P4，P5，P6，P7，P8 进行相关性分析，结果见表 5－11。很明显，变量之间有相关性。然后进行 Kaiser-Meyer-Olkin（KMO）和 Bartlett 的球形度检验，KMO＝0.529，p 值小于 0.001，可以进行因子分析。

表 5－11　　　　　　　　　　　　　相关矩阵

相关	P1	P2	P3	P4	P5	P6	P7	P8
P1	1.000	0.033	0.003	0.085	－0.110	－0.196	－0.071	－0.113
P2	0.033	1.000	0.070	－0.016	－0.032	－0.015	0.013	0.053
P3	0.003	0.070	1.000	－0.049	0.045	－0.264	0.079	0.217
P4	0.085	－0.016	－0.049	1.000	－0.040	－0.091	0.003	－0.121
P5	－0.110	－0.032	0.045	－0.040	1.000	0.013	0.055	0.036
P6	－0.196	－0.015	－0.264	－0.091	0.013	1.000	0.101	0.008
P7	－0.071	0.013	0.079	0.003	0.055	0.101	1.000	0.175
P8	－0.113	0.053	0.217	－0.121	0.036	0.008	0.175	1.000

其次，进行主成分提取。尽管依据特征值大于 1 选择主成分是常用的做法，但是碎石图表明，并不是一条具有明显折线的碎石图（见图 5－7）。前面陡峭的部分特征值大，包含的信息多，后面平坦的部分特征值小，包含的信息也小。因此，本书依据特征值大于 0.8 的标准，选择六个主成分（见表 5－12）。六个主成分（公因子）和原有变量之间的相关关系见表 5－13，但是六个公因子和原有变量之间的相关关系缺乏合理的解释。

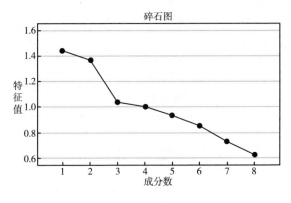

图 5－7　碎石图

表 5 - 12 解释的总方差

成分	初始特征值			提取平方和载入		
	合计	方差的 %	累积 %	合计	方差的 %	累积 %
1	1.439	17.990	17.990	1.439	17.990	17.990
2	1.370	17.128	35.119	1.370	17.128	35.119
3	1.037	12.959	48.078	1.037	12.959	48.078
4	1.004	12.553	60.630	1.004	12.553	60.630
5	0.938	11.725	72.356			
6	0.852	10.652	83.008			
7	0.732	9.147	92.155			
8	0.628	7.845	100.000			

注：提取方法：主成分分析。

表 5 - 13 成分矩阵[a]

二级指标	成 分					
	1	2	3	4	5	6
P1	-0.494	0.423	0.150	0.088	-0.092	0.653
P2	0.108	0.234	0.670	-0.045	0.690	-0.039
P3	0.401	0.691	-0.124	-0.062	-0.056	-0.156
P4	-0.400	0.120	-0.179	0.725	0.218	-0.400
P5	0.320	-0.086	-0.651	-0.090	0.586	0.298
P6	0.198	-0.765	0.260	0.083	0.015	0.064
P7	0.509	-0.040	0.076	0.669	-0.088	0.370
P8	0.681	0.226	0.144	0.052	-0.229	-0.098

注：提取方法：主成分。
a. 已提取了 6 个成分。

再次，进行因子旋转。前面提取的六个主成分（公因子）一个是大而全的"综合因子"，通过因子旋转来获得更好的解释，因子旋转矩阵见表 5 - 14。

最后，通过回归分析，获得六个公因子的回归系数（见表 5 - 15）。由此，六个公因子（F1，F2，F3，F4，F5，F6）和原有十个变量（P1，P2，P3，P4，P5，P6，P7，P8，P9，P10）之间的关系见公式 5 - 8。公式中的变量 P1 - P10，F1 - F6 不再是原始变量，而是标准正态变换后的变量。

表 5 –14　　　　　　　　　　　旋转成分矩阵ᵃ

二级指标	成　分					
	1	2	3	4	5	6
P1	0.065	0.014	0.935	− 0.006	0.030	− 0.091
P2	0.034	0.004	0.022	− 0.003	0.997	− 0.013
P3	0.804	0.138	− 0.086	− 0.073	0.066	0.031
P4	0.023	0.027	0.004	0.967	0.000	− 0.044
P5	0.038	0.046	− 0.078	− 0.039	− 0.013	0.980
P6	− 0.713	0.244	− 0.318	− 0.176	0.051	− 0.036
P7	− 0.056	0.916	0.055	0.078	− 0.011	0.084
P8	0.400	0.482	− 0.327	− 0.280	0.056	− 0.139

注：提取方法：主成分。
旋转法：具有 Kaiser 标准化的正交旋转法。
a. 旋转在 9 次迭代后收敛。

$$F1 = -0.019 \times P1 - 0.030 \times P2 + 0.608 \times P3 + 0.040 \times P4 + 0.011 \times P5$$
$$-0.545 \times P6 - 0.102 \times P7 + 0.294 \times P8 \qquad (5-8)$$

F2，F3，F4，F5，F6 的表达式同理，略去。

表 5 –15　　　　　　　　　　成分得分系数矩阵

二级指标	成　分					
	1	2	3	4	5	6
P1	− 0.019	0.148	0.895	− 0.128	0.011	− 0.009
P2	− 0.030	− 0.029	0.007	0.025	0.997	0.027
P3	0.608	0.056	− 0.110	− 0.030	0.018	0.004
P4	0.040	0.075	− 0.126	0.941	0.025	− 0.032
P5	0.011	0.000	0.022	− 0.011	0.022	0.983
P6	− 0.545	0.207	− 0.200	− 0.133	0.079	− 0.057
P7	− 0.102	0.840	0.190	0.116	− 0.034	0.068
P8	0.294	0.349	− 0.250	− 0.194	0.008	− 0.193

注：提取方法：主成分。
旋转法：具有 Kaiser 标准化的正交旋转法。

　　将主成分分析结果的新变量（F1，F2，F3，F4，F5，F6）作为二级指标，采用德尔菲法确定各自的权重。采用1—9尺度方法确定问题重要性程度，邀请 5 位熟悉该领域的专家分别独立进行 3 次打分，得到二级指标的分值。根据层次分析法的基本原理构造判断矩阵，采用方根法计算判断矩阵的最大特征根及其对应的特征向量，将此特征向量归一化后作为本层次各元素的权重值，求出二级指标的权重水平。最终获得的二级指标权重：F1 权重为 0.19、F2 权重为 0.18、F3 权重为 0.18、F4 权重为 0.13、F5 权重为 0.17、F6 权重为 0.15。

（3）家族企业软实力得分。2017 年度的家族企业软实力得分计算如下：

$$家族企业软实力二级指标值 = 各三级指标标准化数值 \times 三级指标权重$$

$$家族企业软实力 = 二级指标值 \times 二级指标权重$$

2. 解释变量。家族企业基因（Fbg）：家族企业第一代企业家的经营价值观，包括家族使命感、家族控制、家族同心、能者接班、权力安排，企业家精神、企业战略、社会资本、危机管理、人力资本 10 个层面。每个层面的价值观包括一个测量指标，见表 5 – 16。通过阅读家族企业成立时间至第二代接任董事长时间为止，这一期间公司年度财务报告和新闻报道中有关家族企业第一代企业家的内容，分别给 10 个层面的价值观测量指标打分，加总后得出家族企业基因变量的总分值。

表 5 – 16　　　　　　　　　　家族企业基因测量表

一级指标	二级观测指标	指标说明
家族使命感	创始人是否有打造百年企业的愿望	是则取 1，否则取 0
	创始人是否有把企业传给子女的陈述	是则取 1，否则取 0
家族控制	创始人是否有坚持家族控制企业的陈述	是则取 1，否则取 0
	创始人是否有扩大对企业的控制权	是则取 1，否则取 0
能者接班	创始人是否有选择有能力的人接班的陈述	是则取 1，否则取 0
	创始人是否有目的地培养接班人	是则取 1，否则取 0
权力安排	创始人是否组建由家族成员和职业经理人组成的董事会	是则取 1，否则取 0
	创始人是否放权职业经理人	是则取 1，否则取 0
家族同心	家族成员是否支持创始人	是则取 1，否则取 0
	家族成员是否涉入企业经营活动	是则取 1，否则取 0

续表

一级指标	二级观测指标	指标说明
企业家精神	创始人是否具有冒险精神	是则取1，否则取0
	创始人是否具有创新精神	是则取1，否则取0
竞争战略	创始人是否有经营战略的陈述	是则取1，否则取0
	创始人是否调整经营战略	是则取1，否则取0
人力资本	创始人是否有识别人才的特殊能力	是则取1，否则取0
	创始人是否有激励员工的特殊措施	是则取1，否则取0
危机管理	创始人是否面临危机事件	是则取1，否则取0
	创始人是否成功处理危机事件	是则取1，否则取0
社会资本	创始人是否参与社会活动	是则取1，否则取0
	创始人是否拥有强关系网络	是则取1，否则取0

3. 中介变量。企业文化（Fbcc）：本书借鉴刘志雄（2009）[265]对企业文化测量的方法，将企业文化的表达分为三个层面：公司层面、员工层面和社会层面，每个层面有两个测量指标，见表 5 – 17。然后通过观测上市家族企业的官方网站、培训资料和文化传播新闻和专著等来给每个测量指标打分，加总后得出家族企业文化变量的总分值，见表 5 – 17。

表 5 – 17　　　　　　　　　　　　家族企业文化测量表

一级指标	二级观测指标	指标说明
公司层面	是否有企业文化介绍	是则取1，否则取0
	是否有企业愿景介绍	是则取1，否则取0
员工层面	是否有员工手册、培训资料等	是则取1，否则取0
	是否有员工培训活动	是则取1，否则取0
社会层面	是否在社会媒体宣传过本企业文化的广告	是则取1，否则取0
	是否有专著详细介绍过企业文化	是则取1，否则取0

4. 控制变量。为更好控制其他不可观测因素对企业软实力的影响，需要设定控制变量。家族企业软实力对内表现为一种综合的经营能力，而企业绩效也是企业经营活动的综合表现。因此，可以参考家族企业及企业绩效研究的相关文献确定控制变量。根据以往文献（靳来群和李思飞，

2015)，[266]对企业年龄、规模进行控制。企业年龄（Age）：考察年度与企业上市年限之差的自然对数。企业规模（Size）：选择总资产的自然对数，以有效清除企业规模造成的偏差。

此外，还设置了行业和年份虚拟变量来控制其他未观察到的行业和年份差异性对企业软实力可能产生的影响。行业类型（Ind）：选择由中国证券监督管理委员会颁布的《上市公司行业类别分布》作为分类标准，将样本企业划分为 9 个大类，采用行业哑变量来控制行业因素对结论的影响。年份（Year）：采用年份哑变量来控制年份对结论的影响，见表 5 – 18。

表 5 – 18 变量测量表

变量类型	变量名称	变量代码	测量方法
因变量	企业软实力	Fbsp	根据家族企业软实力量表进行主成分分析后的新变量综合
自变量	家族企业基因	Fbg	根据家族企业基因量表进行分项打分，然后综合得分
中介变量	企业文化	Fbcc	根据家族企业文化量表进行分项打分，然后综合得分
控制变量	企业年龄	Age	自企业成立至继任者担任董事长的时间
	企业规模	Size	继任者担任董事长当年总资产的自然对数
	行业	Ind	根据行业一级代码共分为九个行业，设置 8 个虚拟变量
	年份	Year	1995 ~ 2017 年共 23 年，设置 22 个虚拟变量

5.2.5.4 模型设计

针对假设 1，设计以下模型 1：

$$Fbcc = \alpha_0 + \beta_1 Fbg + \beta_2 Age + \beta_3 Size + \sum Ind\_dummy$$
$$+ \sum Year\_dummy + \varepsilon \qquad (5-9)$$

针对假设 2，设计以下模型 2：

$$Fbsp = \alpha_0 + \beta_1 Fbg + \beta_2 Age + \beta_3 Size + \sum Ind\_dummy$$
$$+ \sum Year\_dummy + \varepsilon \qquad (5-10)$$

针对假设 3，设计以下模型 3：

$$\text{Fbsp} = \alpha_0 + \beta_1 \text{Fbcc} + \beta_2 \text{Age} + \beta_3 \text{Size} + \sum \text{Ind\_dummy}$$
$$+ \sum \text{Year\_dummy} + \varepsilon \qquad (5-11)$$

针对假设 4，设计以下模型 4：

$$\text{Fbc} = \alpha_0 + \beta_1 \text{Fbg} + \beta_2 \text{Fbcc} + \beta_3 \text{Age} + \beta_4 \text{Size} + \sum \text{Ind}_{\text{dummy}}$$
$$+ \sum \text{Year}_{\text{dummy}} + \varepsilon \qquad (5-12)$$

家族企业基因（Fbg）是离散变量，转化为虚拟变量。由于 Fbg 的值为 6 和 16 之间，即有 11 个种类，因此构建 10 个虚拟变量。同理，行业类型（Ind）则构建 8 个虚拟变量。模型 1、模型 2、模型 3、模型 4 采用 OLS 回归进行验证。

5.2.5.5 实证研究结果分析

1. 描述性统计。变量的描述性统计结果见表 5-19，在检验方程之前需要考虑是否存在多重共线性问题，否则可能导致变量系数的偏差和不稳定性。本书计算了 Pearson 相关系数矩阵，发现解释变量、中介变量和控制变量的相关系数基本都小于 0.4，因此没有出现严重的共线性问题。

表 5-19　　　　　　　　　　　　描述性统计

变量	N	最小值	最大值	均值	标准差
Age	485	1.946	5.580	4.476	0.817
Size	485	16.945	24.290	21.12	1.203
Fbsp	485	0.402	36.010	0.8436	1.610
Fbg	485	6	16	9.535	2.393
Fbcc	485	1	7	4.410	1.321

2. 回归结果。由表 5-20 所知，在模型 1 中，家族企业基因（Fbg）系数为 0.651，并且在 1% 的水平上显著，说明家族企业基因的形成对企业文化有显著的正向影响。在模型 2 中，家族企业基因（Fbg）系数为 0.782，并且在 1% 的水平上显著，说明家族企业基因对家族企业软实力的形成具有显著的正向影响。在模型 3 中，家族企业文化（Fbcc）系数为

0.635，并且在 1% 的水平上显著，说明企业文化对家族企业软实力形成具有显著的正向影响。在模型 4 中，家族企业基因（Fbg）的系数为 0.421，和模型 2 中家族企业基因（Fbg）的系数相比，明显变小，说明企业文化的中介效应明显。因此，家族企业基因—企业文化—企业软实力的机理得到验证。

表 5 - 20　　　　　　　　　　回归结果检验

变量	模型 1	模型 2	模型 3	模型 4
	Fbcc	Fbsp	Fbsp	Fbsp
_cons	− 0.435 (0.921)	− 0.843 (0.855)	5.465 (0.311)	− 0.449 (0.883)
Fbg	0.651 *** (1.12)	0.782 *** (1.25)		0.421 *** (1.027)
Fbcc			0.635 **** (1.03)	0.503 *** (1.02)
Age	control	control	control	control
Size	control	control	control	control
Ind	control	control	control	control
R^2	0.457	0.445	0.536	0.438

注：*** 表示在 0.01 的显著水平；
括号内为回归系数的 t 统计量。

3. 稳健性检验。在家族企业软实力 8 个二级指标中，家族控制力和企业竞争力最为关键。以竞争力和控制力二级指标分别作为因变量进行回归，发现各变量都与企业软实力作为因变量一致，只是显著性水平不同。

5.3　家族企业基因代际变异机理

5.3.1　家族企业基因变异机理模型

家族企业代际传承变异有突变和重组两条路径，见图 5 - 8。

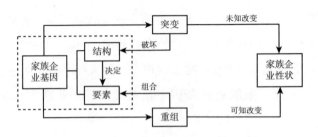

图 5 − 8   家族企业基因代际变异机理

每种生物的后代都与亲本存在一定的差异，主要是由基因重组造成的。本书认为，家族企业基因变异的主要形式应该是基因重组，原因有以下三方面。

5.3.1.1   不能改变遗传信息的"质"

家族企业代际传承是将家族企业从亲代转移给子代，目的是实现家业延续而不是另立江山。家族企业的主要性状在传承前后保持一致，这是由家族企业基因遗传特性决定的。为了使适应环境的变化，继任者可以改变某些性状，但是不能改变家族企业的本质、核心业务和核心竞争优势。而基因突变是会改变基因结构，导致遗传信息的"质"发生改变。家族企业的基因要素是决定企业发展的本质要素的集合体，按照配对原则组成一个比较稳定的结构，保证企业的延续性。如果删除某个基因要素，或者以某种类似物代替某一基因要素，或者增加某一基因要素时，就会出现基因的变异，从而造成企业性状的突变。而基因重组是将原有基因进行重组组合，产生新的基因型，使性状重新组合，但不改变基因的"质"。

5.3.1.2   可控性

基因突变具有发生频率很低、方向不确定、随机发生等特点，难以控制基因突变给企业造成的影响。而基因重组普遍发生，而且是自主发生的，能够主导整个重组过程。

5.3.1.3   避免结果的有害性

对单个生物或者企业来说，基因突变是有害的。基因重组对于生物来说，结果的有害性低。对于家族企业来说，家族企业基因重组是一种主动式的变异，能够控制有害结果的产生。

和生物基因重组的自发性相比，家族企业基因重组则是基于主体能动性的创造性实践活动。但是人类的创造性实践活动与常规性实践活动是统一的。对于家族企业继任者来说，既要延续同质性、重复性、常规性的家族企业实践，又要从事异质性、突破性的创造性实践（庞元正，2006）。[267]也就是说，家族企业继任者作为创新主体，自觉能动地在创新实践基础上不断地发现继承与创新之间的合理性与关联性，科学地分析和解决与创新客体之间的创新实践关系和创新认识关系。家族企业继任者对创新客体的能动反映主要表现为对诸客体要素的重新选择、排列与组合，将客体由客观存在转变为精神存在。

家族企业基因重组实践契合美籍奥地利经济学家熊彼特（Joseph Alois Schumpeter）提出的创新概念，即引进新的生产方式和生产条件的"新组合"。[268]但是家族企业重组作为一种创新实践，只能是延续式创新，而不是破坏性创新或者颠覆式创新。破坏性创新本质上属于一种不连续的创新，其并非在行业主流消费者需求性能改进轨迹上进行持续创新。[269]从家族企业基因遗传和变异的逻辑关系看，家族企业基因重组属于延续性创新活动。家族企业继任者在和外部环境、外部关系的交互中吸纳新的知识、观念，实施主体能动性完成对基因要素的改造，引导组织行为的改变，领导家族企业进入新的均衡状态。

5.3.2　家族企业基因重组机理

家族企业基因重组是对家族企业基因要素中合理部分的接续，突出某些基因要素，弱化某些基因要素，是一种"取舍"；同时，也是对要素内容的创新，是一种"扬弃"。家族企业基因要素的"取舍"和"扬弃"的机理，见图 5 - 9。在企业的某个初始状态，外部环境变化和传承中人为力量的干预，引发家族企业基因重组。通过惯例的诊断，改变已有的惯例行为，形成新的基因组合。新的基因组合形成企业新文化，企业新文化提升企业软实力，让家族企业达到一种新状态，然后进入下一个循环。

5.3.2.1　重组动因

1. 外部环境。经过 20～30 年的发展，家族企业基因在指导企业实践的过程中形成了一套稳定的习惯性的行为模式。但是继任者接手的家族企业和第一代经营的家族企业相比，面临着技术、市场、制度等多方面的挑战。家族企业的惯例化行为对外部环境的变化缺乏足够的灵活应变性。如果在代际传承阶段不进行基因重组，家族企业加快进入衰退期；如果进行基因重组，那么企业将开始进入新一轮的成长期。

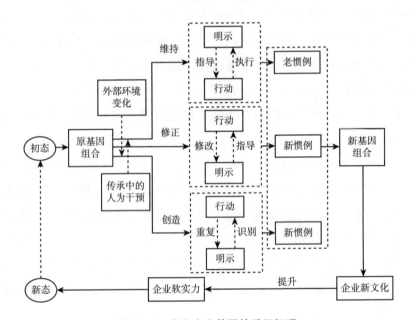

图 5－9　家族企业基因的重组机理

2. 人为干预。社会学中的主体能动性理论认为，"主体"会采取行动来处理与"结构"之间的关系。[270]"主体"具有能动性，即能够自主地行动和自由地做出决策，"结构"则是影响或限制"主体"决策和机会的重复性、模式化的安排（Emirbayer and Mische，1998）。[271]家族企业继任者经过复制阶段和表达阶段的成长，已经从一个家族成员转变为家族企业家，具备强的决策能力，势必会充分发挥主体能动性，重新审视家族企业基因结构，主动适应外部环境的变化。

5.3.2.2　重组路径

家族企业基因是家族企业的内在结构，决定企业资源的分配。根据社会结构化理论的观点，社会结构由规则与资源构成，作为社会结构的持续生产和再生产的行动者创造和遵守规则，并进行资源分配。另外，行动者凭借丰富的认知能力和理解能力，具有某种影响社会实践的能力，能够改变规则，改变关系连带或者资源分配。组织惯例二元理论认为，惯例是受规则约束指导下的相互依赖的、重复的行为模式，并将组织惯例划分为两个层面，明示和行动。[272]明示层面与结构概念有关，是抽象的规则，但是可以编码为标准的运行流程或者容易接受的规范，用于指导组织成员个体在不同的情境下实现任务。行动层面与主体概念有关，是具体的个体在具有的时间执行具体的行动。

组织惯例的明示层面和行动层面之间相互影响。明示层面以一种隐性的方式或显性的规则指导即将开始的行动或者解释已经发生的行动。明示层面赋予组织成员个体行动的合法性，使得个体拥有权力参与惯例的执行。行动层面对明示层面的影响体现在维持、修正和创造。在日常情景中，个体行动接受明示层面的指导，采取习惯化的行为模式，维持现有的惯例，组织处在一种惯常状态。如果外部环境发生变化，个体可能采取新的行动，修正习惯化的行为模式。如果外部环境发生根本性的变化，个体会创造新的行动，建构明示层面。但是并不是新的行动都能被明示层面接纳。因为惯例的重复性，行动模式必须重复出现，并且要经过明示层面的识别，才能形成新的惯例。

鉴于上述分析，家族企业在基因重组中，系统诊断组织结构内部的各个基因要素的行为模式，区分有效的行为惯例和无效的行为惯例，通过维持、修正两种路径改变无效的行为模式；或者针对环境的新变化，创造新的惯例。

根据家族企业代际传承阶段企业发展的重点，可以重点改变某个基因要素，并遵循改变—选择—保留的机制，对某个基因行为模式改变的结构做出评估，选择对战略发展有利的改变，并将其保留下来，重新界定该基因要素的行为边界。或者对家族企业基因要素之间的关系作出调整。比如，在竞争战略调整的推动下家族控制、权力安排、能者接班、家族同心、危机处理、人力资本、社会资本等多个或者七个基因要素之间关系的调整，消除习惯化的管理程序、摆脱战略决策的路径依赖。

通常家族企业继任者在交接班阶段，选择第一种重组方式；在护航和发展阶段，选择第二种重组方式。继任者准备让渡权力给下一代时，结束基因重组。

5.3.2.3 重组结果

新的基因组合通过转录环节，形成家族企业新文化。新文化为企业软实力提升提供新的动力。

5.3.3 家族企业基因重组机理实证分析

5.3.3.1 假设提出

根据5.3.2的分析，家族企业继任者接任家族企业领导权后对家族企业基因进行重组，重组是家族企业基因选择和重组基础上企业文化创新和企业软实力提升的过程，这里将他们的作用机理作为理论模型，见图5－10，并构建如下假设命题：

假设1：家族企业基因重组对企业文化创新具有直接的正向影响。

假设2：家族企业基因重组对企业软实力提升具有直接的正向影响。

假设3：企业文化创新对企业软实力提升具有直接的正向影响。

假设4：企业文化创新在家族企业基因重组与企业软实力提升的关系中起中介作用。

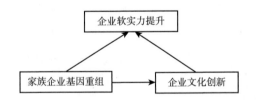

图5－10　家族企业基因重组－文化创新－软实力提升模型

5.3.3.2 样本选择和变量测量

选择家族二代已经接任董事长职位的上市家族企业作为样本，共有81家企业，收集2003～2017年的数据，共获得290个观测值。

1. 因变量。家族企业软实力提升（Pfbsp）：家族企业软实力测量指标和测量方法同5.2.5所述，但是要剔除"继任力"指标。因为样本企业继任者担任董事长的年限很短，不会一开始就考虑继承人培养。因此，家族企业软实力更新的测量指标共有7个二级指标和16个三级指标，见表5－21。

表 5 – 21   家族企业软实力量表

一级指标	二级指标	三级指标	指标描述
家族企业软实力	控制力 P1	实际控制人拥有上市公司控制权比例（X1）	实际控制人持有上市公司的表决权
		实际控制人拥有上市公司所有权比例（X2）	实际控制人通过一致行动、多重塔式持股、交叉持股等方式拥有的上市公司的所有权
	竞争力 P2	销售增长率（X3）	销售增长率用来衡量家族企业成长状况和发展能力
		总资产净利润率（X4）	考察家族企业的盈利能力
	应变力 P3	流动比率（X5）	危机处理者短期内偿还债务的能力
		速动比率（X6）	直接反映企业的短期偿还债务的能力
	治理力 P4	董事会规模（X7）	董事会规模越大，对高管的行为制衡度越大，董事会对公司治理的影响也越显著
		董事长兼任总经理（X8）	董事长兼任总经理说明对高管的权力约束强
		监事会规模（X9）	监事会规模越大，对高管的行为制衡度越大，监事会对公司治理的影响也越显著
	组织力 P5	高管团队人力资本深度（X10）	高管团队成员通过受教育和职业经验等嵌入企业所在行业的深度
		高管团队人力资本广度（X11）	高管团队成员在知识、技能、经验方面的异质性。
	凝聚力 P6	家族内部没有冲突（X12）	家族成员之间没有冲突说明凝聚力强
		高管团队内部没有冲突（X13）	高管团队内部没有冲突说明凝聚强
	联结力 P7	企业家的社会关系（X14）	企业家和政府、金融机构、其他企业、媒体的关系
		企业家的社会地位（X15）	企业家拥有政治身份、经济身份、有其他身份
		企业家的社会声誉（X16）	企业家是否获得荣誉称号、荣誉嘉奖

　　数据处理同 5.2.5，对 2003 ~ 2017 年原始数据进行无量纲标准化处理，去除异常值，得到各三级指标值的标准化数值，然后借助 SPSS20.0 软件，获得三级指标复相关系数（见表 5 – 22）、三级指标权重（见表 5 – 23）如下。

表 5 - 22 复相关系数

R1	R2	R3	R4	R5	R6	R7	R8
0.923	0.923	0.141	0.253	0.992	0.992	0.318	0.532
R9	R10	R11	R12	R135	R14	R15	R16
0.272	0.568	0.378	0.528	0.326	0.652	0.84	0.825

表 5 - 23 三级指标的权重

X1	X2	X3	X4	X5	X6	X7	X8
0.004	0.004	0.288	0.140	0	0	0.101	0.041
X9	X10	X11	X12	X13	X14	X15	X16
0.126	0.036	0.078	0.042	0.098	0.025	0.01	0.010

二级指标的处理同 5.2.5，首先对二级指标进行相关性分析和主成分分析，获得五个新的二级指标（F1、F2、F3、F4、F5），然后采用德尔菲法和方根法确定相应权重。F1 权重为 0.22、F2 权重为 0.21、F3 权重为 0.17、F4 权重为 0.20、F5 权重为 0.20。

2. 自变量。家族企业基因重组（rfbg）：家族企业继任者从家族使命感、家族控制、家族同心、能者接班、权力安排，企业家精神、竞争战略、社会资本、危机管理、人力资本 10 个层面进行基因重组，但是本书样本企业多是近几年接班，一般不会涉及继任人培养事宜，因此，剔除能者接班要素的重组。通过阅读家族企业第二代接任董事长时间开始直到 2017 年，这一期间有关家族企业第二代企业家的新闻报道，公司官网、财务年报，通过内容分析法抓取关键词句给 9 个层面的二级测量指标打分（见表 5 - 24），加总后得出家族企业基因重组变量的总分值。

表 5 - 24 家族企业基因重组量表

一级指标	二级观测指标	指标说明
家族使命感	继任者是否有打造百年企业的愿望	是则取 1，否则取 0
	继任者是否有家业继承的责任感	是则取 1，否则取 0
家族控制	继任者是否有坚持家族控制企业的陈述	是则取 1，否则取 0
	继任者是否有扩大对企业的控制权	是则取 1，否则取 0

续表

一级指标	二级观测指标	指标说明
权力安排	继任者是否组建由家族成员和职业经理人组成的董事会	是则取 1，否则取 0
	继任者是否放权职业经理人	是则取 1，否则取 0
家族同心	家族成员是否支持继任者	是则取 1，否则取 0
	家族成员是否涉入企业经营活动	是则取 1，否则取 0
企业家精神	继任者是否具有冒险精神	是则取 1，否则取 0
	继任者是否具有创新精神	是则取 1，否则取 0
竞争战略	继任者是否有经营战略的陈述	是则取 1，否则取 0
	继任者是否调整经营战略	是则取 1，否则取 0
人力资本	继任者是否有识别人才的特殊能力	是则取 1，否则取 0
	继任者是否有激励员工的特殊措施	是则取 1，否则取 0
危机管理	继任者是否面临危机事件	是则取 1，否则取 0
	继任者是否成功处理危机事件	是则取 1，否则取 0
社会资本	继任者是否参与社会活动	是则取 1，否则取 0
	继任者是否拥有强关系网络	是则取 1，否则取 0

3. 中介变量。企业文化创新（nfbcc）：参照戴维（David）提出的企业文化改变的方法和手段，[273]将家族企业文化创新归纳为组织理念、组织结构、组织政策、组织同化、员工变动、组织外观六个层面，每个层面下设若干测量指标，共 15 个测量指标，见表 5－25。然后通过观测上市家族企业的官方网站、企业财务年报、培训资料和文化传播新闻和专著等来给每个测量指标打分，加总后得出家族企业文化变量的总分值。

表 5－25　　　　　　　　　　企业文化创新量表

一级指标	二级观测指标	指标说明
组织理念	是否修订企业愿景	是则取 1，否则取 0
	是否修订企业使命	是则取 1，否则取 0
组织结构	是否进行组织结构重组	是则取 1，否则取 0
	是否进行组织结构再造	是则取 1，否则取 0

续表

一级指标	二级观测指标	指标说明
组织政策	是否改变管理政策	是则取 1，否则取 0
	是否改变奖励系统	是则取 1，否则取 0
组织同化	是否进行员工培训	是则取 1，否则取 0
	领导者是否进行榜样示范	是则取 1，否则取 0
	领导者是否正面加强员工行为的改变	是则取 1，否则取 0
	领导者是否个别指导员工	是则取 1，否则取 0
员工变动	是否招聘新员工	是则取 1，否则取 0
	是否调动员工	是则取 1，否则取 0
	是否让员工升职	是则取 1，否则取 0
组织外观	是否重新设计企业布局	是则取 1，否则取 0
	是否重新设计企业外观	是则取 1，否则取 0

4. 控制变量。为了更准确地分析家族企业基因重组对企业文化创新以及企业软实力的影响，根据 5.2.5 控制变量的测量方法，同样对企业年龄（Age）、规模（Size）、行业（Ind）和年份（Year）进行控制。在家族企业代际传承研究中，一般要考虑企业主的人口特征（何轩等，2014）。[274]本书中，家族企业继任者个人特征也会影响家族企业基因重组、文化创新和软实力提升，因此，需要对家族企业继任者年龄（Life）进行控制。家族企业基因重组、文化创新、企业软实力提升可以看作一种创新创业行为。现有的家族企业创新创业研究认为，公司在行业中的盈利水平会影响创新创业行为（郭超，[275]2013；李新春等，[276]2016）。因此，需要对家族企业在行业中的盈利水平（Profit）进行控制，见表 5 - 26。

表 5 - 26 变量测量表

变量类型	变量名称	变量代码	测量方法
因变量	企业软实力提升	Pfbsp	根据家族企业软实力量表进行主成分分析后的新变量综合
自变量	家族企业基因重组	Rfbg	根据家族企业基因重组量表进行分项打分，然后综合得分

变量类型	变量名称	变量代码	测量方法
中介变量	企业文化创新	Nfbcc	根据企业文化创新量表进行分项打分，然后综合得分
控制变量	企业年龄	Age	自企业成立至继任者担任董事长的时间
	企业规模	Size	继任者担任董事长当年总资产的自然对数
	行业	Ind	根据行业一级代码共分为九个行业，设置 8 个虚拟变量
	年份	Year	2003 ~ 2017 年共 15 年，设置 14 个虚拟变量
	继任者年龄	Life	继任者出生至考察年度的时间
	盈利水平	Profit	继任者担任董事长前一年企业资产回报率与行业当年 ROA 平均值的比值

5.3.3.3 模型设计

针对假设 1，设计模型 1：

$$Nfbcc = \alpha_0 + \beta_1 Rfbg + \beta_2 Age + \beta_3 Size + \beta_4 Life + \beta_5 Profit$$
$$+ \sum Ind\_dummy + \sum Year\_dummy + \varepsilon \qquad (5-13)$$

针对假设 2，设计模型 2：

$$Pfbsp = \alpha_0 + \beta_1 Rfbg + \beta_2 Age + \beta_3 Size + \beta_4 Life + \beta_5 Profit$$
$$+ \sum Ind\_dummy + \sum Year\_dummy + \varepsilon \qquad (5-14)$$

针对假设 3，设计模型 3：

$$Pfbsp = \alpha_0 + \beta_1 Nfbcc + \beta_2 Age + \beta_3 Size + \beta_4 Life + \beta_5 Profit$$
$$+ \sum Ind\_dummy + \sum Year\_dummy + \varepsilon \qquad (5-15)$$

针对假设 4，设计模型 4：

$$Pfbsp = \alpha_0 + \beta_1 Rfbg + \beta_2 Nfbcc + \beta_3 Age + \beta_4 Size + \beta_5 Life + \beta_6 Profit$$
$$+ \sum Ind\_dummy + \sum Year\_dummy + \varepsilon \qquad (5-16)$$

由于家族企业基因重组（Rfbg）为离散变量，作为回归分析的离散变量须转化为虚拟变量。由于家族企业基因重组（Rfbg）的值为 4 和 16 之间，即有 13 个种类，因此构建 12 个虚拟变量。同理，行业类型 Ind 则构建 8 个虚拟变量。然后对模型 1、模型 2、模型 3、模型 4 采用 OLS 回归进行验证。

5.3.3.4　回归结果分析

1. 描述性统计和相关分析。变量的描述性统计结果见表 5 - 27，在检验方程之前需要考虑是否存在多重共线性问题，否则可能导致变量系数的偏差和不稳定性。本书计算了 Pearson 相关系数矩阵，发现解释变量、中介变量和控制变量的相关系数基本都小于 0.4，因此，没有出现严重的共线性问题。

表 5 - 27　　　　　　　　　　　　描述性统计

变量	N	最小值	最大值	均值	标准差
Age	290	8	21	11.172	5.16
Size	290	19.435	24.560	21.764	0.885
Life	290	26	53	30.36	5.466
Profit	290	0.512	3.745	2.121	8.852
Pfbsp	290	0.030	0.099	0.058	0.007
Rfbg	290	0	1	0.397	0.248
Nfbcc	290	0	1	0.377	0.211

2. 结果分析。由表 5 - 28 所知，模型 1，家族企业基因重组（Rfbg）系数为 0.577，并且在 1% 的水平上显著，说明家族企业基因的重组对企业文化创新有显著的正向影响。模型 2 中，家族企业基因重组（Rfbg）系数为 0.628，并且在 1% 的水平上显著，说明家族企业基因的重组对家族企业软实力的提升具有显著的正向影响。模型 3 中，企业文化创新（Nfbcc）系数为 0.626，并且在 1% 的水平上显著，说明企业文化创新对家族企业软实力提升具有显著的正向影响。模型 4 中，家族企业基因重组（Rfbg）的系数为 0.314，和模型 2 家族企业基因重组（Rfbg）的系数相比，明显变小，说明企业文化创新的中介效应明显。因此，假设 1、假设 2、假设 3、假设 4 成立，家族企业基因重组—企业文化创新—企业软实力提升的机理得到验证。

表 5 – 28   回归结果检验

变量	模型 1	模型 2	模型 3	模型 4
	Nfbcc	Pfbsp	Pfbsp	Pfbsp
_cons	− 0.135 (0.921)	− 0.524 (0.855)	0.581 (0.311)	0.529 (0.883)
Rfbg	0.577 *** (1.002)	0.628 *** (1.214)		0.314 *** (0.381)
Nfbcc			0.626 **** (1.212)	0.371 *** (0.415)
Age	control	control	control	control
Size	control	control	control	control
Life	control	control	control	control
Profit	control	control	control	control
Ind	control	control	control	control
Year	control	control	control	control
R^2	0.475	0.654	0.536	0.638

注： *** 表示在 0.01 的显著水平；
括号内为回归系数的 t 统计量。

3. 稳健性检验。家族企业软实力 7 个二级指标中，企业竞争力最为关键。以竞争力作为因变量进行回归，发现回归结果都与企业软实力作为因变量一致，只是显著性水平不同。

5.4　本章小结

本章首先揭示家族企业基因的代际传承机理模型，然后揭示家族企业基因的遗传机理和重组机理。遗传机理由基因复制和基因表达两个机理构成。家族企业基因的复制机理表明，家族企业基因通过言传身教和吸收模仿完成复制，并构建截面数理模型，以中国上市家族企业作为样本，验证了家族企业基因的复制机理。

家族企业基因的表达机理表明，家族企业基因通过转录环节转变为企业文化，企业文化通过翻译环节转变为企业软实力完成表达。其中，转录环节由领导、表征和认同三个步骤构成；翻译环节由合成和传播两个步骤构成；家族企业软实力的因子包括控制力、竞争力、凝聚力、联结力、治理力、组织力、继任力、应变力等。基于家族企业基因的表达机理构建非平衡面板数据模型，以中国上市家族企业作为样本进行验证。

最后，揭示家族企业重组机理，指出家族企业基因在外部环境和人为干预两种重组动因的推动下，通过维持、修正和创造三种重组路径，获得新基因组合，形成新的企业文化，并提升企业软实力。构建非平衡面板数据模型，以中国上市家族企业为样本，验证了家族企业基因重组机理。

第6章

基于基因理论的家族企业
代际传承管理对策

基于基因理论的家族企业代际传承包括基因要素、基因复制、基因表达、基因重组四个阶段。每个阶段均呈现不同的特征，只有针对每个阶段的不同特征进行有效管理，才能实现家族企业基因在代际间的成功传承。

6.1　基因要素管理

6.1.1　特征

由基因要素构成的家族企业基因对家族企业发挥控制、配置、创新和价值功能，但是每个基因要素都有其特殊的形成路径，并受到不同因素的影响和制约，导致其活性和适应性方面也存在差异。

6.1.1.1　基因要素形成路径的差异性

家族企业基因要素是基于不同实践形成的价值因子，在形成过程中受到不同因素的影响，有其特有的形成路径。

6.1.1.2　基因要素的活性

家族企业基因要素的活性是指家族企业基因要素能持续发挥其功能，确保组织不断成长。家族企业基因要素活性越大，组织资源的配置越有效率。家族企业基因要素活性越大，越能提高组织抗击外部干扰的能力，确保组织成长不偏离既定航道。

6.1.1.3 基因要素的适应性

基因要素的适应性是指家族企业基因要素对外部环境的变化很敏感，善于分析外部环境变化对企业的影响，并能及时调整其资源分配方式，提高组织的应变能力。

6.1.2 管理关键

家族企业基因是家族企业进行代际传承的主要内容。家族企业在进行代际传承前，需要确保家族企业基因的存在。通过对家族企业基因的检测、培育和优化，打造一个完整的家族企业基因。

6.1.2.1 基因要素检测

梳理家族企业的竞争战略、人力资本、社会资本、危机处理、家族控制、权力安排、家族同心、能者接班、家族使命感和企业家精神等，判断有无清晰的价值取向和特有的行为模式。如果家族企业基因缺乏某个要素，就需要进行培育，如果某个要素的价值取向或者行为模式不清晰，就需要进行优化。

6.1.2.2 基因要素培育

竞争战略、人力资本、社会资本、危机处理、家族控制、权力安排、家族同心、能者接班、家族使命感和企业家精神等要素的培育方式见表6-1。

表6-1　　　　　　　家族企业基因要素的培育和优化

基因要素	培育		优化
	价值取向	路径	
竞争战略	市场—长期取向	以家族对企业的控制权为前提，制定竞争战略	增强竞争战略资源配置、管理效率
人力资本	归属取向	以员工的社会需要为核心，创造一种家的氛围	提升员工的创造力
社会资本	普惠他人取向	以产品质量作为关系媒介，以普惠他人构建一种信守承诺的形象	以家族声誉提升企业的影响力
危机处理	愿景取向	解析危机事件的问题根源，以回归创始人的企业愿景作为决策参考点	增强危机处理能力

基因要素	培育		优化
	价值取向	路径	
家族控制	隐性取向	所有权结构的特殊设计、家族成员股权的内部流转机制	优化家族和其他利益相关者之间的股权结构
权力安排	制衡取向	以制衡为目标分配管理层的经营权	管理层微调
家族同心	关系取向	创立家族内部定期沟通机制	确定家族成员之间的利益分配机制
能者接班	能力取向	建立继任者能力培养机制	优化培养机制
家族使命感	责任取向	培养继任者对家族的情感和责任	提升继任者对企业的责任感
企业家精神	冒险－创新取向	赋予继任者独当一面的机会	给予更大权限

6.1.2.3 基因要素优化

竞争战略、人力资本、社会资本、危机处理、家族控制、权力安排、家族同心、能者接班、家族使命感和企业家精神等要素的优化方式见表6－1。

6.2 基因复制管理

家族企业基因在代际之间复制过程划分为启动、交接和护航三个阶段，每个阶段复制不同的基因要素实现现任者和继任者不同角色的转变。家族企业基因通过三个阶段的复制，内化为家族企业继任者的心智模式，转变为家族企业继任者的角色行为模式，最终促使继任者从家族成员成长为家族企业家。

6.2.1 启动阶段

6.2.1.1 特征

家族企业基因复制不是像生物基因复制那样，进行自我复制，而是需要将家族企业基因从一个载体传递给另一个载体。受传载体的心智模式和角色行为模式其成长的规律，必须基于其生命周期的特点进行传递。启动阶段正是受传载体心智形成的初期,家族企业基因复制呈现出引导性和双向性特征。

1. 引导性。在家族企业基因复制的启动阶段,因为家族企业未来继任者处于年少时期,正处于各种价值观形成初期。家族企业基因作为一种价值体系,应该以引导的方式而不是训告的方式逐渐植入继任者的心智中。家族企业现任者引领未来的继任者进入家族企业经营活动场所,接触家族企业的产品引导,接受其设计的教育路径。

2. 双向性。家族企业基因的双螺旋为其他基因要素的形成提供最根本的动力源泉,也是确保家族企业继任者具有双向价值观的关键因素。如果家族企业继任者缺少其中一个螺旋,就不会成为一个合格的基因载体。因此,在基因复制的启动阶段,应该最先复制家族企业基因的双螺旋,即家族使命感和企业家精神。

6.2.1.2　管理关键

在启动阶段,家族使命感和企业家精神培养是家族企业基因复制管理的关键所在。家族使命感源于家族,需要从家族情景出发制定培养策略;企业家精神始于企业,需要从企业情景出发制定培养策略。

1. 家族使命感培养。启动阶段是继任者从幼年到进入家族企业前的时间段。家族属于一级原级团体,家族生活所发展出来的规范或形塑行为的法则,会迁移到其他团体或组织活动中。[277]继任者在家族生活所发展出来的价值或者行为规范,会随着继任者迁移到企业活动中。因此,家族企业现任者以家长的身份,通过言传身教,激发继任者对家族的强烈责任感和归属感,培养继任者追求家族成就、家产共有、抵抗外部竞争及重视家族的永垂不朽等态度成分,[278]形成对家族的强烈态度。这些态度转化为继任者自我积极主动的意识,产生一种强烈的家族使命感。

家族使命感根植于家族内部,家族伦理和家族规约对家族使命感的培养也至关重要。虽然不同的文化孕育不同的家庭道德规范和价值观,但身处其中的企业家族,均拥有自己独特的伦理观念约束成员。家族规约则是企业家族的祖先形成的为人处世的经验,对家族成员的行为有约束作用。无论是日本、欧洲还是美国的百年家族企业,都有其家族规约。家族规约以文字或者图片展示于家族或者公司内部，以警示后人，或以家族成员口口相传的方式传承给后人。

另外，也要注重发挥家族其他成员尤其是家族女性长辈在启动阶段的作用。如，拥有 340 年历史的日本著名酒企月之桂第十四代掌门人增田德兵卫曾大力称赞其母亲在家业传承中所展现的重要作用。[279]

2. 企业家精神培养。企业家精神的遗传有其生物基础（Nicolaou et al.，2008，[280] Nicolaou and Shane，2010[281]），家族企业现任者企业家精神的生理机制会主动遗传给继任者，但不能表明继任者就可以自动成为企业家。继任者需要后天的实践，才能将生理遗传获得的企业家精神转变为自身的能力。父母的角色模型是企业家精神传递的主要后天机制（Matthew，2015），[282] 而且企业家精神的代际转移最好在孩子 16 岁之前（Sørensen，2007）。[283] 家族企业现任者以自身的企业家角色和继任者产生互动，有针对性地对继任者的家庭教育、学校教育、商业实践经历进行安排。比如，日本和欧洲的很多长寿家族企业从接班人少年时代起便引导他们接触家族企业生产的产品，培养对家族企业经营的兴趣，让继任者理解企业家角色，并产生认同。

6.2.2 交接阶段

6.2.2.1 特征

交接阶段是家族企业基因复制的主要阶段，所有的基因要素都要在该阶段完成复制。但是因为基因要素自身的特点、企业发展状态、外部环境、利益相关者等因素，家族企业基因复制呈现次序性、差异性和冲突性特征。

1. 有次序复制。家族企业基因在交接阶段进行有次序复制，复制次序取决于该阶段继任者的能力状态、企业发展状态和企业外部环境。一般来说，继任者是作为一个求职者进入家族企业，现任者应该根据职业能力形成的路径将相关基因要素传授给继任者。在该阶段，现任者凭借经营者、控制者、教育者、动员者、委托者等角色，实现家族控制、家族同心、能者接班、权力安排、危机处理、竞争战略、人力资本、社会资本等要素的复制，帮助继任者由职业管理者向接班人、领导者角色转变。在整个交接阶段，家族或者现任者对企业的控制权至少保持不变，甚至加强。在复制过程中，可以根据企业发展状态和企业外部环境作出调整。如果企业发展状态不好或者受外界环境的逼迫，现任者会加快甚至跳跃式复制，让继任者快速成长。

2. 复制方式差异性。家族企业基因构成要素体现组织不同的规则和行为模式，导致其复制方式的差异性。家族控制、权力安排等以权力运作作为核心，其复制是隐蔽式的，危机处理、竞争战略等以资源运营为中心，其复制是目标导向式的。能者接班、家族同心等以家业延续为核心，其复制是家族利益导向式的。人力资本、社会资本等以归属、信任为核心，其复制是累积式的。

3. 角色冲突。家族企业基因复制活动是一种现任者主导，继任者服从的过程，但也是继任者创造性发挥的过程。因为角色是主体对于他人提出的期望而产生的规范的服从，但同时主体在与他人相互适应性过程中，进行创造性活动，而不是简单的服从。这导致现任者和继任者之间产生角色冲突。除了现任者和继任者之间的冲突外，还存在家族成员与继任者之间的冲突、继任者和企业高管之间的冲突等。

6.2.2.2 管理关键

在交接阶段，家族企业基因复制的管理关键在于制定合适的复制计划，基于基因要素的特征制定不同的复制方式，并对主要冲突进行管理。

1. 制订复制计划。根据继任者的能力状态、企业发展状态和企业外部环境的特点，制订灵活的家族企业基因复制计划。

2. 基于基因要素特征制定复制方式。家族控制、家族同心、能者接班、权力安排、危机处理、竞争战略、人力资本、社会资本八个基因要素的复制方式如下。

（1）家族控制。从表面看，家族控制权来源于家族作为企业的控制性股东所拥有的与其产权对应的法定权利，主要体现在选举公司多数董事或类似权力机构成员。但事实上控制性家族还应该具有一种价值扭转的隐性权力，如公司议程控制、塑造他人的信仰等。这种隐性权力使他人的自我意识发生细微裂变，使他人间接地从属于自己的意志，对他人产生一种无形的约束力。

家族企业现任者既要将权力的显性支配方式传递给继任者，也需要将权力的隐性支配方式传递给继任者。家族企业现任者将企业的部分股权转移给继任者，让继任者成为公司的所有者行使法定权利，但是隐性支配方式的权力不可能随之转移。隐性控制隐含在行动中，继任者在整个交接阶段需要亲身参与决策实践，不断学习，才能实际拥有这些权力。随着交接阶段的延续，这些权力上升为继任者的个人权威，个人权威的提升进一步为控制权提供权威支持。

（2）家族同心。家族同心基因要素的复制方式以关系治理为主。家族第一代企业家在交接阶段开始后，应该充分考虑家族成员或者后代家族成员的利益诉求，构建沟通协商机制、家族规约和专门管理机构。一个可行的方法就是发展"关系宪章"，为家族提供一个完成共同目标和有效合作的框架。它包括家族 SWOT 分析、建立共同目标及关系质量和效率的目标；定义相互角色期望、发展促进和提升家族成员关系的程序、定期检查关系绩效和家族成员对关系的满意度、创造认可的冲突调解和解决机制。

（3）能者接班。能者接班基因要素复制包括接班制度、接班人培养、辅助团队建设三个层面。

首先，确立依据能力确立接班人的制度。有能力的所有权继承人是家族企业最有效的制度安排（陈凌，应丽芬，2003）。[284] 选择接班人要逐步制度化，在合法的制度下选拔有能力的接班人。

其次，现任者制订专门的培养计划，以培养继任者的能力。一方面，通过不同岗位的历练，让接班人以最快的速度熟悉公司的总体情况，并掌握基本的管理能力。如福特汽车公司第四代企业家小福特在成为董事长之前经过 37 个不同岗位的历练。宝马汽车的第二代领导者京特让自己的继任者住在厂长家里，跟随厂长快速熟悉工厂业务，到总公司后，让继任者跟随总会计师熟悉公司的整体财务状况。另一方面，构建竞争性的培养机制。现任者为继任者选择一个竞争对手，提升继任者的竞争意识。例如，宝马汽车第二代企业家京特在儿子进入企业的同时，招聘一个有潜质的年轻人进入企业，为自己儿子和这个年轻人设定同样的目标、同样的考核机制。

最后，选择忠诚度高、责任心强的高管，构建辅佐团队，助力继任者实现接班人角色的转换。辅佐高管的权力有既定的权限，要防范过度干涉或者操控继任者，甚至是想取而代之的高管。现任者和辅佐团队定期评估接班人的能力。如，法国开云集团创始人老皮诺专门成立"皮诺理事会小组"评估儿子的接班能力。在评估继任者的能力时，需要关注继任者的自我角色意识，提升继任者的自信心和自尊心。因为继任者周围参照群体的能力也是越来越强，继任者的自我角色意识定位会出现偏差，进而打击对接班的信心。

（4）权力安排。权力安排基因要素的复制目标是实现家族在公司治理结构中的隐蔽性。中国河北大午集团在这方面做出了有益的探索，并取得一定的成功。借鉴河北大午集团的"私企君主立宪制"（孙大午，2015），[285] 权力安排基因要素隐性复制路径见图 6 - 1。

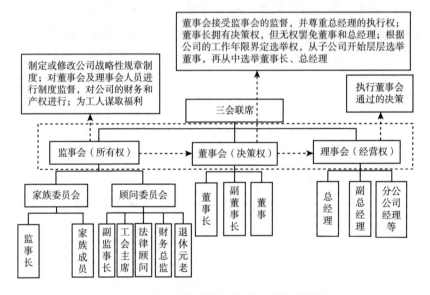

图 6 - 1　权力安排基因要素的隐性复制路径

权力安排基因要素复制包括三个方面：第一，构建一个监事会（所有权）、董事会（决策权）和理事会（经营权）的权力制衡结构。即确保家族对企业的控制权，又保障企业的决策权和经营权的独立运作。第二，充分体现了主要利益相关者的权力和利益。在监事会中，家族委员会均有家族成员构成，确保家族成员对企业运营状况进行监督；顾问委员会由企业高管、工会主席、顾问、企业老臣等构成，通过监督权维护他们在公司的利益。第三，确保权力获取的公平性。无论是家族成员还是非家族成员要获取经营权或者决策权，必须凭借自身的能力通过公开选举进入相关权力机构。通过选举产生高管，非家族高管和家族高管一样，权力来源拥有同等的合法性。这能够避免家族裙带关系造成高管团队中的权力不平等，也能够有效避免高管团队内部的权力争夺。这三个方面顺利完成，为家族企业继任者创造了一个良好的内部制度环境，家族企业的继任者只要凭借自身能力就能公平、合法地获取企业的最高决策权和经营权。

（5）危机处理。危机处理基因要素复制以决策参与为主，在日常管理中，现任者让继任者担任风险管理相关职位，熟悉企业的系统风险。但是，企业可能因为各产品生命周期、经济周期、市场需求、产品质量、内部管理等原因引发各种危机。此时，危机事件成为检验继任者作为"一家之主"决策能力的好机会。事实上，继任者临危受命是很多百年家族企业的常规做法。因为，危机事件意味着混乱压倒规则和秩序，瓦解家族企业惯常的状态。但是危机事件对企业状态的破坏是短暂而又系统性的，需要企业快速处理，降低危机的影响。危机事件需要继任者从全局视角果断决策，快速调动资源，协调利益相关者的关系处理。

（6）竞争战略。当家族企业处于交接阶段后期，主要呈现以下特点：首先，企业正处于成熟期，如果不进行战略调整，很有可能加速进入衰退期。其次，现任者应该以危机事件为契机，将危机当作竞争战略调整的触发器，鼓励继任者发现新的市场机会，调整竞争战略。最后，继任者经过启动阶段、交接前期阶段的成长，领导能力已经形成。因此，现任者可以和继任者一起共同制定战略决策，并授权继任者主导战略实施过程，完成竞争战略基因要素的复制，见图 6 - 2。

在图 6 - 2 中，竞争战略基因要素复制包括战略选择、结构调整、文化变革和绩效评估四个阶段。在战略选择阶段，首先对企业已有愿景和使命进行更为清晰的陈述，然后分析外部环境，发现新的增长机会；分析企业已有的资源能否和新的增长机会匹配，制定基于资源－机会导向的长期目标。接着在生成、评价和选择战略阶段，家族企业继任者要识别和分析企业的价值链活动，发现某些具有核心竞争力的活动，然后分析这些核心竞争力能否成为企业的独特能力，这些独特能力能否产生持久的竞争优势。家族企业现任者要全面了解各个战略备选方案，克服认知偏差带来的误判。

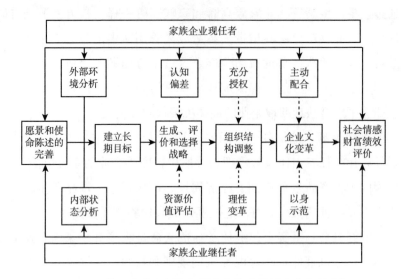

图 6 - 2　基于决策参与视角的竞争战略基因要素复制路径

在组织结构调整阶段，家族企业现任者要充分授权继任者，让继任者主导。继任者要以第三方视角，客观权衡员工的利益得失尤其是企业老臣，采取理性的调整策略。在企业文化变革阶段，继任者以身示范，而现任者需要主动配合。

在绩效评估阶段，家族企业竞争战略的绩效评估应该是基于社会情感财富而不仅仅是利润。科迈斯－麦吉阿（Gomez-Mejia et al.，2007）认为，社会情感财富是家族企业治理和战略决策的重要参考依据。[286]社会情感财富是家族参与企业经营管理活动获得的非经济利益收入，能够满足家族成员的归属感、情感和亲情需要（朱沆等，2016）。[287]家族企业现任者在评估继任者领导的竞争战略绩效时，重点考察这次战略变革对继任者领导能力提升的效果，以及继任者及其家族高管对家族企业归属感的增强。

（7）人力资本。人力资本基因要素复制方式以累积式传授为主，实现代际转移。现任者将积累多年的人力资本逐一传授给继任者。人力资本的转移效果受继任者领导权威和激励机制的影响。继任者一方面更应该延续现任者的激励机制，维持现有的人力资本结构；另一方面增强领导权威，吸引更多的人力资本。

（8）社会资本。社会资本基因要素复制方式以信任为导向，实现代际转移。社会资本是一种基于关系网络，通过参与、赞助和支持网络中的各种活动而获得的信任和赞誉。现任者带领继任者参与、赞助和支持各种关系网络活动，帮助继任者建立信任关系，实现社会资本的转移。

3. 冲突管理。交接阶段后期，会出现两大类冲突。第一类冲突是现任者和继任者之间的冲突。继任者处在接班人的角色适应期，现任者处在企业控制权转移阶段，现任者和继任者之间的分歧最大。因为继任者希望摆脱自己是单纯继承人，试图建构自己的身份，获得领导权威的合法性。而现任者对继任者的角色期望则是能够复制其能力的接班人，而事实上，继任者很难成为另一个现任者。因此，现任者总是感觉继任者的能力离自己的期望很远，不放心将重大决策的权力或者企业控制权交给继任者。现任者的角色期望和继任者的角色建构之间不一致，导致冲突的产生。这种冲突通常会持续 5~6 年时间，冲突内容涉及重大决策，尤其是事关公司发展的战略和执行策略。因此，现任者应该转变角色认识，尊重或接纳继任者的创造性活动，而继任者需要学会适应该角色的要求，使其行为符合角色的期待，进而减少冲突的发生。

第二类冲突是拥有企业股权的家族成员和继任者之间的冲突。在交接的第三阶段，是家族和企业两大系统重新更新的开始。现任者会实施第一阶段家族成员股权分割方案，为继任者创造一个家族涉入度合理的内部环境。拥有企业股权的家族成员可能因为股权、投票权、收益权的调整和家族资产分配等，出现分歧，导致家族内部的利益争斗，甚至阻碍继任者接管企业。通常有三种解决路径：第一，现任者、继任者、家族成员借助家族大会等协商机制，解决分歧和冲突；第二，在家族社会关系网络中选择有声望的外人来调停；第三，借助法律解决家族内部冲突。第一种路径是首选，既保障了家族成员的利益，又维护了家族同心和家族声誉。第二种和第三种都在一定程度上破坏了家族同心，家族声誉受到影响，进而波及企业社会资本。

6.2.3　护航阶段

6.2.3.1　特征

护航阶段意味家族企业基因复制过程的结束和表达、重组阶段的开始，也意味着现任者即将退位，该阶段主要呈现重叠性和角色互换两个特征。

1. 重叠性。在护航阶段，家族企业基因的复制、表达、重组三个过程出现一种重叠状态。尽管该阶段仍然需要进行基因复制，但同时也需要为基因重组作准备。

2. 角色互换。家族企业基因经过启动阶段和交接阶段的复制，内化为继任者的心智模式，形成继任者企业家角色的基模。在护航阶段，现任者的领导者角色被替代，退居次要领导职位，开始扮演的角色是保护者，并逐渐退出企业。

6.2.3.2　管理关键

护航阶段的管理关键在于评估继任者是否具有家族企业家应有的延续传承和冒险创新精神，主要包括复制效果评估和继任者创新能力培养。

1. 复制效果评估。继任者企业家角色的基模由 10 个基因要素组成，如果基因要素的复制效果不好，继任者就难以胜任企业家角色。在护航阶段，应该对继任者的能力进行评价，衡量继任者对 10 个基因要素的学习和吸收效果。

2. 增强继任者的创新能力。通过基因复制，家族企业继任者从领导者转变为企业家，完成企业家基模的移植。但是继任者只有企业家基模，还不能成为真正意义上的家族企业家。企业家内涵应该从社会功能和行为过程两个层面界定，企业家具有实现新组合的功能，为了实现这个功能，企业家必须具备发现和创造两种特殊的才能和行为。[288]但是家族企业家的内涵，除了社会功能和行为过程两个层面，还应该加入道德价值层面。因为家族企业不同于一般的企业组织，家族企业源于家族，天然带有一种道德属性。家族企业基因不仅为企业家内涵提供了道德准则，也说明了企业家关键才能的来源。家族企业家的内涵包含四个层面，见图 6-3。

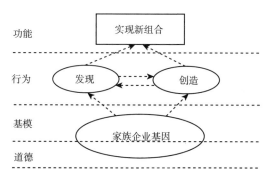

图 6 - 3　家族企业家的内涵

在图 6 - 3 中，家族企业家的功能是实现新组合。为了实现创新，家族企业家必须拥有发现和创造两种关键的才能和行为。这两种关键才能必须有其他基础行为作为基础，即基膜。家族企业基因中的家族控制、危机处理、竞争战略、社会资本、人力资本、企业家精神、权力安排、家族同心、能者接班九个要素是家族企业家的发现和创造才能的行为基膜，家族使命感则为家族企业家提供了道德基础。

图 6 - 3 也表明了家族企业家的内生路径。家族企业家的行为基膜在启动阶段和交接阶段已经完成。在护航阶段，继任者应该基于企业现有的状态进行创新活动，形成发现的才能，而不是创造的才能。因为基于现有状态的创新，相对较为容易，即使失败，对企业的损失也是可控的。因此，家族企业现任者需要彻底放权，以顾问或者监督者的身份，稳固继任者的领导权威及其权力结构，另外，强化继任者的家族使命感，支持继任者进行创新。

6.3　基因表达管理

家族企业基因通过转录和翻译完成表达，分别形成中介产物和最终产物，即企业文化和企业软实力。家族企业基因在转录和翻译两个表达环节，分别呈现不同的特征，因此，需要采取不同的管理对策，帮助家族企业基因顺利转录为企业文化，企业文化顺利翻译成企业软实力。

6.3.1 转录环节

6.3.1.1 特征

家族企业基因作为一种价值体系，是一种无形的存在，家族企业基因的中介表达物——企业文化，也是一种无形的存在，它们的转录过程自然呈现无形性的特点，但是可以通过符号表现出来，并通过认同转化为企业行为。因此，在转录环节，呈现无形性、符号性和认同性三个特征。

1. 无形性。家族企业基因的转录是一种潜移默化的无形过程。通过对员工的价值引导、教育，改变员工的价值观，形成一种体现家族意识的企业文化。家族企业基因通过企业文化作用于员工行为，也是一种无形的影响。家族企业基因的转录及其控制性功能的发挥都是无形的。

2. 符号性。家族企业基因的无形性需要显性的符号来体现。家族企业基因转录的隐性路径通过显性符号来表达。

3. 认同性。企业文化作用于员工行为的前提是企业文化所承载的价值观能被员工认同。

6.3.1.2 管理关键

家族企业基因转录环节的管理关键在于确定合适的领导方式，领导家族企业基因向企业文化的转录活动，选择恰当的符号准确表达家族企业基因的价值内涵，并投入资源，完成员工价值观的转换。

1. 领导方式。为了保证家族企业文化不能脱离家族企业基因的控制，需要构建一种家族控制型的企业文化。组织文化的形成主要有两类人参与，一是高层管理者，二是员工。企业高管的言行举止对企业员工产生示范作用，员工通过学习习得企业文化。但是在转录过程中，会受到组织成员主体意志的阻碍和干扰。为了实现家族企业基因转录的顺利性，需要控制高管的行为，确保高管能够认同家族企业基因，并内化为自身的惯例行为，然后进行员工的社会化。为此，家族企业现任者需要建立文化控制机构，如成立文化管理公司或者委员会，设计相应制度，保证家族企业文化不能脱离家族企业基因的控制。通常，家族成员联合企业老臣担任文化管理机构的要职。如，宝马汽车第四代企业家斯特凡和贝塔斯曼公司第五代企业家莱恩哈德均成立了文化管理机构，贝塔斯曼甚至让该机构拥有对企业的最终控制权。家族对企业文化的领导权让家族意志有了道德上的合法性。

哈佛商学院教授、研究印度塔塔集团的专家塔伦·卡纳（Tarun Khanna）说：“塔塔的文化来自几十年始终尊奉一套在任何公司看来都非常不同凡响的企业价值观的领导力。”[289]

家族企业文化的领导者应该具有坚定的达成家族愿景的意志、强烈的家族控制欲望、正直诚信、言行一致、自信、开放等领导品质。家族企业文化的领导者对家族企业基因有着坚定的信念，并对文化管理工作有着丰富的经验。

家族企业文化领导者应该具有较大的职位权力，但是这种职位权力主要不是来源于法定性权力，而是感召性权力。家族企业文化领导者的感知性权力越大，追随者遵从指导的程度越高，领导环境越好；家族企业文化活动的任务结构简单明确，下属对其有较强的责任心，领导环境越好。家族文化领导者和追随者之间的关系越好，领导环境越好。领导环境好或者领导环境差的时候，家族企业文化领导者采取工作任务型的领导方式，领导环境差的时候，采取人际关系型的领导方式。

2. 符号选择。

（1）故事。普罗普认为，故事中“人物做了什么”，也就是角色的功能是关键问题。[290] 对于家族企业，创始人及家族的故事家是文化表征的主角。比如，亨利·福特二世经常提醒骄傲自满的管理者，“福特公司的大楼上写的是我的名字”是福特公司高管都熟悉的一个故事；中国上市公司鲁泰纺织第二代继任者刘子斌将创始人的经营管理活动演绎为文化故事，供内外部利益相关者学习；精心保护关于创始人詹姆谢特吉·塔塔的传说是历任塔塔集团掌舵人的共识。

（2）仪式。仪式是一套复合的多种象征性行为。家族企业基因表征文仪式有两种，一是创办新仪式，二是延续传统。家族企业管理者通过定期举办一些集体活动，通过集体学习来感受企业文化。家族企业的仪式活动尽可能保持仪式程序的固定性。在举办仪式活动时，尽可能延续家族企业创始人的做法。贝塔斯曼集团的第四代企业家以创始人的名字签署重要的文件。

（3）物质象征。物资象征即沙因提出的人工饰物，人工饰物既可以是有关创始人及家族的物件，也可以是后续继任者创造的。贝塔斯曼第五代企业家让人在总部底楼用家族的家具和其他记忆物布置了一个传统的房间，两侧墙壁挂着家族历代企业家的照片和油画。

（4）语言。将创始人的价值观用简单通俗的语言表示，并运用于工作环境，意愿影响员工的行为。美国著名的符号学家莫里斯在《指好、语言和行为》中将人类的指号划分为定位指号、指谓指号、评价指号、规定指号和形式指号（逻辑），认为这些指号以各种不同方式影响它的解释者的系列行为反应，即告诉解释者"哪里、什么、为什么、怎样"。[291]指谓指号的基本用法是报道的，检验报道的恰当性（说服力）的方法就是看一个人通过指号的产生，是否使得另一个人对某事物作出行动，好像某个情境具有某些特征使他作出行动一样。家族企业基因在转换为指谓指号时，要突出情景的作用，弱化指号制造者（现任者）的影响。评价指号的基本用法是估价的，引起解释者对某些对象、需要、选择、反应或指号的喜爱行为。评价指号的有效性依赖于某些指谓指号的说服性。如果一个评价指号中被评价为重要的对象，不能满足它们的解释者的需要，那么就丧失了它们的有效性。家族企业基因在转换为评价指号时，要考虑员工的实际需要，切不可自说自话。规定指号的基本用法是鼓动的（说服力），目的是将解释者的行为引导到一定的途径，而不仅仅是要指导或规定某事物的被喜欢的地位。家族企业基因要引导员工的行为，需要运用规定指号告知员工要怎么做。形式指号的基本用法是系统化的，即组织其他指号所有助于唤起的那些行为。家族企业应用上述五种指号来控制员工的行为，要求指号的四种用法都出现并且恰当地加以应用。

3. 价值转换。个体的价值观只有在需要驱动和自我意识引导下，在价值活动基础上形成。没有经过实践活动的内化和吸收，社会所提供的价值观对于个体来说仅仅是外在的规范，还不能成为其自觉的价值意识（吴向东，2008）。[292]因此，家族企业文化要内化为员工的价值观，基于组织内的交互关系，引导员工自主参与文化活动实践，通过比较和选择，主动选择和内化组织的价值观。家族企业员工的价值转换需要从文化投入、文化归属、文化统合 3 个维度展开。

（1）文化投入。家族企业文化被表征为故事、仪式、物质象征或者语言后，需要激发工个人主动参与到文化活动中，并积极吸收文化相关信息。正如印度塔塔集团所言，虽然构建了一套完整的愿景体系，却认为愿景不能是自上而下的灌输，不能试图让人们通过文字去理解，[293]而是要通过一系列的行动。根据美国著名的心理学家维克托·弗鲁姆（Victor H. Vroom）提出的期望理论，激励员工投入文化活动取决于两个因素：一是效价，即员工对投入文化活动及其结果能够给自己带来满足程度的评价；二是期望值，即员工对顺利完成某项文化活动可能性的估计。家族企业文化活动能否带给员工一种情感上的满足和员工能否顺利完成某项文化活动是文化投入主要考虑的因素。

（2）文化归属。文化归属是指员工自我感觉隶属于家族企业，并把企业的价值观和行为规范视为自己价值体系的一部分。文化投入使家族企业员工将感受到的价值观移入自我概念中，放大自我，但是让员工确认"我们"的共同身份，还需要创造一种"家"氛围。文化投入使员工主动参与文化活动，文化归属通过组织增强对员工的吸引力实现。家族企业是一种基于家族企业家而构建的文化系统，家族企业是家族企业主的"家"的延伸。家族企业理应创造一种"家"的氛围，向对待自家人一样对待企业员工，实施"人情味的管理"（冯邦彦，2011）。[294]

（3）文化统合。文化统合是指员工将家族企业的文化与其他文化加以融合，而不会出现文化冲突。家族企业员工通过自我的扩大，把"我"变成"我们"，确认"我们"的共同身份；另外，又要通过自我的设限，把"我们"同"他们"区别开来，划清二者之间的界限，即"排他"。在文化统合的过程中，由于人们对自我身份、角色的不同认知，必然会产生价值冲突。价值冲突往往会引起文化认同的危机，而价值冲突的最终结果又总是强化了人们的文化认同："我们"与"他们"的界限更明确了，"我"与"我们"的范围更重合了（崔新建，2004）。[295]

家族企业基因经过文化领导、文化表征和文化认同三个过程，最终转变为企业员工共享的价值观和行为模式，以高层管理者携带家族企业基因变成战略惯例、中层管理者、职能活动、制度惯例。基层员工的技术惯例，即企业文化。家族企业基因转变为企业文化后，家族系统和企业系统分开，家族企业就有了明确的组织边界，能够强化组织成员的身份感，促使组织成员追求超越自身利益的目标。家族企业文化通过为组织成员提供恰当的行为标准，帮助整个组织凝聚起来，增强组织的稳定性。[296]

6.3.2　翻译环节

6.3.2.1　特征

家族企业基因通过内部合成和外部传播，被翻译成企业软实力。因此，翻译环节的主要特征表现为合成性和传播性。

1. 合成性。从系统的视角看，家族企业是一个由软实力构成的系统。控制力、竞争力、治理力、组织力、继任力、应变力、凝聚力、联结力8个软实力因子则是构成家族企业软实力系统的组分。系统之所有为系统，在于它的组成之间存在足够的整合力或凝聚力，如果整合力大于分离力，系统就能生存延续；如果整合力小于等于分离力，系统就会解体或者消亡。因此，家族企业需要整合8个软实力因子。

2. 传播性。家族企业软实力对外表现为一种吸引力，一种对利益相关者的吸引力。家族企业软实力和企业声誉具有同样的内涵。研究企业声誉的著名学者美国纽约大学教授弗布鲁姆（Fombrum）认为，企业声誉对其利益相关者的强大的诱惑力（Fombrum and Gardberg，2000），[297]因为企业声誉表明了企业在利益相关者之间提供价值的能力（Fomburn and Rindova，1998），[298]随后，将企业声誉界定为"公司为利益相关者提供有价值的产出能力的综合性评估"（Fombrun et al.，2000）。[299]企业声誉是利益相关者对企业各个方面的整体性评价，同样家族企业软实力也是利益相关者对企业内部8个软实力因子的整体性评价。

企业声誉属于态度理论范畴，企业声誉可以看成一个由认知和情感两个部分组成的态度结构（Manfred，2004），[300]情感吸引和认知吸引作为利益相关者与企业声誉之间的联系枢纽（毕楠，2012），[301]要提高企业声誉，就需要增强企业对利益相关者的认知吸引和情感吸引。因为利益相关者是基于直接经验对企业做出的全面评价，涉及企业信息、其他形式的沟通和符号（Gotsi and Wilson，2001）。[302] 所以，企业提高企业声誉需要从传播学的角度，从企业的产品和服务等方面提升利益相关者对企业的认知吸引，从情感角度提升利益相关者对企业的情感吸引，进而改善或者固化利益相关者对企业的正面评价。由此可见，企业声誉的形成需要进行传播，家族企业软实力的形成同样需要传播。

6.3.2.2　管理关键

家族企业基因翻译环节的管理关键在于确定企业软实力因子的内部合成路径和对外传播方式。

1. 内部合成。家族企业软实力是一种家族企业拥有的综合性的软性力量。这里借助物理学的共点力的合成原理（见图 6 - 4）解释家族企业软实力因子内部合成问题。

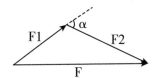

图 6 - 4　不同方向两力的合力

共点力的合成遵循四边形法则，两个力与其合力，恰为一个三角形的三个边。图 6 - 4 中，根据三角形法则，两个共点力 F_1 和 F_2 的合力 F 由以下公式得到：

$$F = \sqrt{F_1^2 + F_2^2 + 2F_1F_2\cos\alpha} \qquad (6-1)$$

若 $\alpha = 0°$，$F = F_1 + F_2$；
若 $\alpha = 180°$，$F = |F_1 - F_2|$；
若 $\alpha = 90°$，$F = \sqrt{F_1^2 + F_2^2}$

两个共点力 F_1 和 F_2 的合力 F 的取值范围是 $|F_1 - F_2| \leqslant F \leqslant F_1 + F_2$。

根据家族企业基因的配对原理，家族企业软实力分为两组：第一组源自家族系统的控制力、凝聚力、治理力、继任力；第二组源自企业系统的竞争力、联结力、组织力、应变力，它们之间是一一对应的关系。这 8 个因子的合力可以看成两两因子合力之和。

（1）家族企业控制力和竞争力的合成。假设家族企业的控制力、竞争力的合力分别用 $F_{控}$、$F_{竞}$、$F_{合}$ 表示，当控制力和竞争力大小既定的前提下，处在同一直线同一方向时，两者的合力最大，$F_{合} = F_{控} + F_{竞}$；当控制力和竞争力处在同一直线相反方向时，两者的合力最小，$F_{合} = |F_{控} - F_{竞}|$；当控制力和竞争力之间运动方向不一致，也就是存在夹角时，$|F_{控} - F_{竞}| \leqslant F_{合} \leqslant F_{控} + F_{竞}$。从中得知，要想实现家族企业控制力和竞争力两者合力的最大，必须让家族控制力和企业竞争力尽可能朝向同一个方向运动，尽可能形成同一直线同一方向。实现这一点，必须以家族企业文化引导内部利益相关者的行为。

组织文化影响着计划、组织、人员、领导和控制各项管理职能的实施方式。[303]组织文化影响着家族企业软实力的实现方式。约瑟夫·奈（Joseph Nye）认为，软实力是以硬实力为基础的。无论是软实力还是硬实力，依据资源基础理论，都以资源为基础来构建。家族企业软实力构建的主体是内部利益相关者（员工）。但是员工因为各自价值观、需要的差异，导致利益诉求目标不一致。再者，家族企业控制活动和竞争战略活动的目标是不一致的。因此，家族控制活动和竞争战略活动的目标不一致性和参与主体价值观的差异性导致控制力和竞争力之间出现夹角或者反方向运动。家族企业现任者或者继任者建立流畅的沟通机制和激励机制能够有效整合控制力和竞争力，即形成以家族控制下主导战略资源配置的制度。

除此之外，根据公式，控制力和竞争力的合力大小还受控制力和竞争力自身大小的影响。因此，在管理中，也同样要增强控制力和竞争力。根据第5.3.2节表格所示，控制力的增强可以从家族股权和表决权入手。通过一致行动、多重塔式持股、交叉持股等方式确保家族对企业的所有权；界定股权和投票权的比例，确保对企业的表决权。竞争力的增强需要基于家族企业成长和发展导向，制定竞争战略和相应的组织结构，提升企业的盈利能力。

（2）家族凝聚力和企业联结力的合成。同理，家族凝聚力和企业联结力的合成原理也像控制力和竞争力一样。结合第5.2.4节表5-8中家族凝聚力和联结力的三级指标，家族企业现任者或继任者可以从家族凝聚力、企业联结力、家族凝聚力和联结力的夹角三个路径合成家族凝聚力和企业联结力。首先，需要明白家族内部的团结，能够增强外部利益相关者对家族的信任。这种信任是家族企业现任者或继任者获取社会资源，进而积累社会资本的关键。正如中国的谚语"家和万事兴"。现任者或继任者通过家族历史和家族关系治理两个方面，团结家族成员，让家族成员既有强烈的自豪感，又主动追求社会情感财富。其次，基于信任基础上扩大企业获取外部资源的范围，并和外部利益相关者建立一种长期导向的合作关系。最后，通过基于信任的相互作用，减小家族凝聚力和联结力之间的夹角。

（3）家族治理力和企业组织力的合成。家族企业现任者或继任者通过控制董事会和监事会的规模和结构、兼任总经理等实现高管的权力分配。具体来说，董事会规模越大，对高管的行为制衡度越大，董事会对公司治理的影响也越显著；董事长兼任总经理说明对高管的权力约束强；监事会规模越大，对高管的行为制衡度越大，监事会对公司治理的影响也越显著。

在既定的权力结构中，从人力资本深度和广度来配置高管团队，增强企业组织力。一方面，提高董事会、监事会和高管团队中硕士及以上学位的成员比例，增加人力资本深度。另一方面，多招聘职业背景差异大、受教育背景差距大的成员，提高成员在知识、技能、经验方面的异质性，扩大人力资本广度。

（4）家族继任力和企业应变力的合成。通过技术技能、人际技能和概念技能三个方面增强家族继任力。家族企业继任者需要从事基层、中层和高层等多种职业活动，在实践中形成管理能力。而危机处理是检验继任者能力的重要方面。家族企业在经营中会出现各种危机，既有源自企业内部的危机也有源自外部的危机。无论是哪种危机，家族企业继任者在接班过程中都应该介入并主导危机处理。

总的来说，企业文化整合内部利益相关者（员工）的价值差异和行为差异，促使四对家族企业软实力都朝同一个方向运动，减小两个力之间的夹角，尽可能形成同一直线同一方向的合力，实现合力的最大化。

2. 外部传播。基于企业声誉构成和态度结构，家族企业软实力的外部传播分为认知传播和情感传播两种。

（1）认知传播。认知传播的目的是改变利益相关者对家族企业的认知判断，提升家族企业的知名度。认知理论认为，当外界有适合的信息刺激，个体的心理图示就被激活。被激活的心理图示驱使个体产生内部知觉期望，用来指导感觉器官有目的地搜索特殊形式的信息。因此，认知传播必须基于接受者的现有心理图示。态度的功能理论认为，态度之所以存在是因为它对人们具有某种功能，也就是说，人的动机决定了人的态度。态度具有效用功能、价值表现功能、自我防御功能、认识功能（Daniel Katz，1960）。[304]因此，家族企业软实力的认知传播应该基于认知理论和态度的功能理论，从心理图示和态度对象的功能出发，从事 8 个软实力因子等认知传播活动。

在传播中，遵循语言的精确性、内容的客观性、行为的理智性、目的的工具性等原则（李建军，2015）。[305]认知传播既可以通过大众媒介实现，也通过家族企业和外部利益相关者的交互实践中传播。如，印度塔塔集团的管理培训中心向有合作关系的其他组织和企业开放，传播塔塔的价值观体系。

（2）情感传播。家族企业进行情感传播的目的是激起利益相关者对家族企业产生情感共鸣。首先有必要理解情感及其产生过程，然后在此基础上分析家族企业情感传播的策略。

情感是人脑对于事物价值特性的主观反应。认知主义情感理论认为，情感的发生，即是接受和确认了某种信念或判断（唐海军，何向东，2018）。[306]引发某种情感有三个不可或缺的条件：某种情感发生时的心情、某种情感所指向的对象、引发某种情感的原因（何博超，2013）。[307]因此，家族企业可以从利益相关者的情绪状态、自身、家族企业对利益相关者的价值效应三个层面展开情感传播。首先，利益相关者的情绪状态分析，知晓他们处在何种情绪状态。其次，家族企业自身的特性及其展现方式。家族企业在第一代家族企业家的领导下，成为一个具有家族性人格的组织。家族企业是情感传播的发出者，家族企业的家族性人格对劝服利益相关者具有关键作用。最后，家族企业对利益相关者的价值效应。这里的关键是客观刺激物引发某种信念或者判断。

基于上述分析，家族企业情感传播的目的是引发外部利益相关者对家族企业的价值效应。家族企业情感传播的语言应该具有丰富的情感词汇，激发利益相关者对家族企业产生信任、尊敬、友好等积极情绪反应。家族企业情感传播的内容应该包括家族企业的发展历史、创始人的创业故事、家族企业荣誉、家族企业对社区的贡献等。家族企业情感传播需要营造一种让受众亲身感受传播对象的情境，让受众和传播对象展开情感互动。德国贝塔斯曼集团第五代企业家在布满家族企业历史记忆的房间里，接受重要的采访；公司的公关部常常将客人带入这个房间，让客人对贝塔斯曼家族的历史肃然起敬。

6.4　基因重组管理

家族企业基因通过重组，形成新的企业文化，提升企业软实力，实现家族企业的代际演化。基因重组不是家族企业被动的环境适应性行为，而是主动的选择行为。在进行主动选择时，必须分析环境、企业战略和基因要素之间的匹配性，在此基础上制定相应的重组策略。

6.4.1　特征

家族企业基因是企业的内部结构，根据战略决定结构的特点，家族企业基因重组必须以战略为导向。家族企业基因由 10 个基因要素构成，每个基因要素都是其特有的价值本质、规则形式和行为模式，在重组时需要根据战略导向重新进行同素异构。另外，家族企业基因重组是自上而下推动的。因此，家族企业基因重组呈现战略导向性、同素异构性、自上而下性等特征。

6.4.1.1　战略导向性

家族企业基因是企业的内部结构，为了主动适应外部环境的变化，必须对内部结构进行调整。基于钱德勒的战略－结构分析框架，家族企业基因重组应该以战略为导向，对市场、技术和制度环境的变化有敏锐的判断和理性分析，然后调整竞争战略，并改变企业结构中的基因要素及其组合状态。

6.4.1.2　同素异构性

家族企业基因由 10 个基因要素构成，具有一个稳定的结构。另外，这 10 个基因要素均有自身的微观结构。因为每个基因要素都由价值、规则和行为模式三个维度构成，其中价值维度是不变的，但是在外部不同条件的影响下，同一基因要素的规则和行为模式可以改变。

6.4.1.3　自上而下性

家族企业基因重组是由继任者根据外部环境的变化，主动选择的战略调整行为，是其发挥主体创造性自上而下推动的。

6.4.2　管理关键

家族企业基因重组的管理关键在于进行清晰的战略定位，然后创造重组条件，建立激励机制，推动基因重组。

6.4.2.1　战略定位

以环境驱动 – 竞争战略导向的家族企业基因重组路径，见图 6 – 5。在技术、市场和制度等环境因素的驱动下，家族企业主动调整竞争战略，给出清晰的战略定位，然后解构家族企业现有的内部结构，修正或创造家族企业基因要素的规则、行为模式，重组各个基因要素的内部关系，形成支持竞争战略的新结构。

福特第四代企业家比尔·福特在环境驱动下，对企业竞争战略重新定位，打造的"一个福特"战略，并重组企业内部结构，使得企业渡过历史上最严峻的危机。福特汽车公司前 CEO 雅克·纳瑟尔（Jacques Nasser）因投资一系列豪华品牌耗费了大笔资金，并且推展基于互联网的汽车新业务停滞不前，致使公司经营困难，最终被董事会撤职。比尔·福特认为，公司需要进行战略调整，于是大胆聘请波音前 CEO 穆拉利（Alan Mulally）担任福特全球总裁。穆拉利推出了"一个福特"（One Ford）战略，即在全球生产和销售同样设计风格和款式的福特车。以此战略为导向，链接全球不同的市场，打造统一的全球研发平台，并调整内部管理，去除重复的工作流程。通过穆拉利的战略调整，福特汽车公司成功渡过 2008 年的金融危机，统一了福特内部已分崩离析的价值观，并重震了公司的软实力。截至 2018年，比尔·福特继续推行"一个福特"战略，并形成新的企业文化。

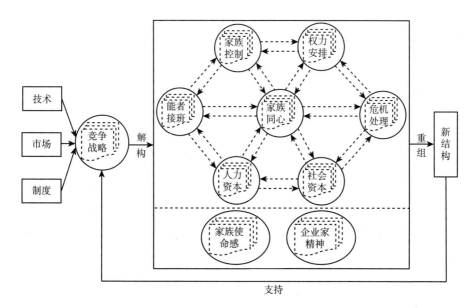

图 6 - 5　环境驱动 - 竞争战略导向的家族企业基因重组

注：▱ 表示价值、规则、行为模式三个维度。

6.4.2.2　创造重组条件

1. 组织结构。组织结构研究表明，组织结构具有四个基本维度，即专业化、标准化、规范化、中心化（Child，1972）。[308] 综合四个基本维度的特征，组织结构分为机械式结构和有机式结构（Slevin and Covin，1997）。[309] 机械式结构具有严格的信息控制和中心化的决策机制，因此，组织成员个体的行动更容易受到规则和流程的引导和制约；有机式结构则相反，因为组织对灵活性和适应性的需求使得组织成员个体不断改变行动，组织规则和流程的约束作用减少，组织的决策和信息控制处于分散化状态。组织选择哪种组织结构取决于环境、任务和工作流程之间的关系。如果环境具有不确定性、任务与之匹配的工作流程需要新的惯例时，组织倾向于构建有机式结构；如果环境相对稳定，任务与之匹配的工作流程是惯例性的，组织倾向于构建机械式结构（Mcdongough，1983）。[310]家族企业继任者接手的家族企业呈现出机械式结构特征，各个维度已经发展完善，并处在一种稳定的平衡状态。这种机械式的结构确保组织惯例得到维持和修正，但是面对不确定的环境时不利于新惯例的产生。

2. 组织学习。组织惯例作为一种行为模式，是组织学习过程的结果。组织成员个体之间的交互实践将个体的知识和历史经验转移到群体和组织，最终被存储在组织惯例中（Cohen，1994）。[311]组织成员个体依赖原有经验和知识，通过观察学习，将新获取的知识嵌入组织惯例中，逐步修正组织惯例（Bresman，2013）。[312]个体也可以通过新技术（Edmonson，2001）[313]或者试错学习获取知识和经验（Rerup，2011），[314]促进组织惯例的改变。家族企业基因重组是一种以坚守组织传统基础上的行为模式改变过程。家族企业一方面应该依赖组织成员个体的既有知识与经验并遵循已有的知识转移和扩散路径维持组织的惯例，另一方面需要借助新技术、新知识来修正已有的组织惯例，或者摆脱已有的知识转移和扩散路径，创造新惯例。在新惯例的创造过程中，一个非连续的行动需要不断重复，并经过明示层面匹配和识别，才能形成新惯例。

3. 权力。权力对组织惯例的影响不仅体现在组织惯例本身也发生在惯例的产生和变化中。组织惯例划分为明示和行动，这种划分本身就体现了权力的控制力。在惯例产生和变化过程中，各个行动参与者的权力往往不对等，权力大的一方会在规则形成和行动实施中占据优势。管理者往往拥有监督惯例行为实施的权力和惯例行为修正的权力。在新的非惯例行动已经被反复多次，但是还难以被明示层面识别时，管理者也会依靠权力将规则合法化。家族企业在修正惯例或者创造新惯例时，要确保参与者权力的对等。如果参与者的权力不平等，拥有更多权力的个体为了获得自己所期望的行动情景和行为结果，可能会改变情境（Stolte，2001）。[315]被权力约束的个体则会关注拥有权力的个体对事物的解释、期望、行动，并顺从他们的意愿，以获得自身的利益，而不是试图解释自己的想法（Fligstein，2001）。[316]

4. 中介物。人工器物是人行动的产物，在推广后会被固化，成为客观情境中的一部分，因此，人工器物作为结构化的实例可以被纳入吉登斯（Giddens，1984）的社会结构化理论框架中（Orlikowski，1992），[317]成为社会结构的一部分。人工器物不仅受到规范性过程的塑造，也受到规制性机构的支配和控制。在客观情景中，人工器物作为一种中介，会传递和表达特定的思想，会承载文化中的信息。在实践过程中，行动参与者可以选择中介物传递其意图，并使行动和对行动的响应一致（Bapuji et al.，2012）。[318]中介物不仅是个体认知和行为的中介，也是明示层面和行动层面的中介。中介物介于明示层面和行动层面之间，捕捉、编码执行过程中的行动，并影响惯例的执行（D'Adderio，2011）。[319]

家族企业的组织惯例的维持、修正和创造过程中，应该有目的性地使用中介物，发挥中介物的作用。家族企业既可以选择会说话的中介物，如报告、技术图纸、流程、手册、视觉原型等，也可以选择安静的中介物，如工具、家具、衣服等（Cacciatori，2012）。[320]相比较惯例的维持和修正，新惯例的创造更会遭遇各种阻力。因为家族企业的老员工害怕既有的规则和行为模式被破坏给自身的利益带来损失或者情感创伤。如果管理者选择象征家族企业记忆的人工饰物作为中介，表达其思想、参与执行行动，那么新惯例的形成或者执行会变得容易。

6.4.2.3 建立激励机制

要为员工原有的行为模式注入新的动力，相应的激励手段是必不可少的（Ogbonna and Harris，2000）。[321]如，印度塔塔集团第五代企业家拉坦·塔塔认为，创新对企业的可持续发展非常重要，开始致力于使创新成为组织文化的一部分。由此开启了"创新远景"（Tata Innovista）等创新竞赛项目和创新论坛等制度，其中包括在整个集团内推行"敢于尝试"运动（"Dare to Try" Campaign），旨在奖励未获得成功实践的创意点子。在"创新远景"中，员工为最成功的创意展开竞争。拉坦·塔塔亲自给"敢于尝试"的得奖者颁奖。一开始，人们的反应并不积极，都在观望管理层是真的有意推进创新，还是只为了做做样子；但当管理层的诚意被人们所认可时，创新的热情就开始在塔塔集团内部弥漫开来。同时，高层领导的言行举止，如拉坦·塔塔亲自主导推出创新性的廉价家用轿车，则进一步鼓励了创新。经过多年的文化变革，塔塔集团第五代成功地将创新精神变成组织文化的一部分。

6.5 本章小结

本章对家族企业基因要素、基因复制、基因表达、基因重组四个方面的特征进行分析，并提出相应的管理对策。

家族企业基因要素呈现形成路径差异性、活性、适应性等特征，其管理对策包括基因要素检测、培养和优化。首先是检测每个基因要素有无清晰价值取向和行为模式，然后针对每个要素的价值取向，提出相应的培养路径，或者进行优化。

家族企业基因复制在启动阶段呈现引导性和双向性的特征，其管理关键在于培养家族使命感和企业家精神。在交接阶段，家族企业基因复制呈现有次序性、复制方式差异性、角色冲突等特征，其管理对策包括制定复制计划、基于基因要素的特征制定复制方式和冲突管理。家族控制、家族同心、能者接班、权力安排、危机处理、竞争战略、人力资本、社会资本等基因要素的主要复制方式分别为隐性、关系治理、能力培养、制衡、参与处理、决策参与、累积式传授、信任导向。冲突管理包括现任者和继任者冲突处理、继任者和家族成员冲突处理。在护航阶段，家族企业基因复制呈现重叠性和角色互换两种特征，其管理关键是评估复制效果，增强继任者的创新能力。

家族企业基因表达在转录环节呈现无形性、符号性、认同性等特征，其管理关键在于采取合适的领导方式，获得对企业文化的领导权；通过故事、仪式物质象征和语言等符号，表征家族企业基因；通过文化投入、文化归属和文化统合实现价值转化。在翻译环节，呈现合成性和传播性等特征，其管理关键是在企业内部合成家族企业控制力和竞争力、家族凝聚力和企业联结力、家族治理力和企业组织力、家族继任力和企业应变力；从认知和情感层面进行外部传播。

家族企业基因重组阶段呈现战略导向性、同素异构性、自上而下性等特征，其管理关键是以环境驱动—竞争战略为导向，进行战略定位，重新组合家族企业基因要素，调整家族企业基因规则和行为模式；从组织结构、组织学习、权力和中介物等方面创造重组条件；建立激励机制，激发员工参与基因重组。

第 7 章
盛日集团基因代际传承的案例研究 *

7.1 盛日集团简介

盛日集团 1908 年在庆州成立，是当时中国第一家由华商创办的进出口贸易公司。时至今日，盛日集团历经马家家族四代，成为横跨全球超过 30 个国家或地区、设立超过 200 个办事处、拥有 27000 名雇员的跨国企业集团。

盛日创始人马春城从澳门著名书院学成回到庆州，发现当时中国绝大部分的进出口贸易被外资洋行垄断，决定与人合伙成立盛日商行，和外资洋行展开竞争。合伙人出资，马春城具体负责公司的业务经营。盛日商行早期业务涉及瓷器、古董及工艺品。站稳脚跟后，逐渐将外销的业务拓展到竹器、烟花、塑料花等。马春城很重视创新，盛日逐渐以崭新的商品设计及构思而闻名，制造塑料花的工艺成为行业共同遵守的标准。几年后，盛日发展成为庆州稍具规模而信用昭著的出口贸易商行。1915 年，马春城受邀作为政府代表参加美国举行的"巴拿马 – 太平洋国际博览会"，此次之行成为盛日公司发展的一个重要转折点。1919 年，马春城为了拓展海外业务，在香港开设盛日分店。20 世纪 20 年代末期至 30 年代初，马春城的四个子女先后加入盛日，并逐渐成为盛日的管理层。1933 年盛日面临一场家

---

* 本案例主要根据香港著名的几个家族企业发展历史改编而成。

族危机，一个家族高管率领几乎所有高级职员离开盛日，另立门户。长子马阳东应父亲要求，不得不放弃澳门的学业回到庆州，加入盛日以解决公司危机。20 世纪 30 年代日本入侵中国，时局动荡不安，马春城决定将盛日迁移到香港。

马春城将到香港筹建盛日分公司的重任交给马阳东。1938 年，马阳东在香港创立香港盛日公司，初期主要从事进出口业务，1939 年正式在香港注册为有限公司，由马阳东出任总经理。马阳东的商业才能得以充分发挥，香港盛日很快便走上正轨。1946 年，马春城因病去世。"二战"后，盛日重组公司管理层，马阳东出任常务董事长。盛日的创始股东却在此时不再继续支持盛日，将股票卖给马家家族成员后全面退出，也宣告两家长达几十年的深厚商业合作关系结束。1951 年，盛日庆州分行结业，所有员工加入香港盛日总公司。战后的香港迅速恢复远东转口贸易港的地位，开始工业化转型。盛日顺势调整发展战略，将业务重点从转口贸易转向本地出口，参与工业化进程。20 世纪 50 年代，盛日发展迅速。盛日经营上百种货品中，仍然包括传统的产品，如塑料花、烟花，竹器、藤具等手工品和陶瓷。20 世纪 60 年代，香港的纺织品及成衣生意利润丰厚，盛日把握机会，全力经营纺织品及成衣的出口贸易。这一时期盛日的业务获得长足的发展。海外客户多达三百多家，采购网络几乎遍及香港所有制造工厂。

20 世纪 70 年代初，以马继城、马继威和马继企三兄弟为代表的马家第三代家族成员陆续加入盛日。马家三兄弟发现，盛日的股权相当分散，没有规范的管理。为了盛日继续繁荣下去，他们决定将盛日打造成一个公众上市公司。以此为契机，改变原有的管理模式，实现所有权和经营权的分离，建立现代化公司。1976 年，盛日重组公司架构后，成立盛日有限公司，在美国挂牌上市。70 年代后期，马阳东逐渐退居幕后，盛日的管理权顺利从第二代转移到第三代手中。不过此后几年，受到世界经济衰退以及西方国家实行纺织品出口配额的限制，公司不仅业绩倒退，还失去了合作 15 年的最大客户。盛日认识到依赖个别大客户及继续扮演传统中间商的危险性。盛日开始彻底改变自身角色，建立"客户主导"的企业运营架构，从贸易中间商转变为提供整体的商业关系的产品专家。另外，马家三兄弟认为当一个地区经济发展成熟，产品出口逐渐失去竞争力时，就应该转向开发本销市场，因此盛日集团进军香港零售市场。引入美国先进的零售业模式，开设超市、便利店、服装店。这一时期，盛日面临两大历史事件，一是香港即将回归中国，二是美国股市暴跌而引发的全球股灾。盛日管理层的马继城、马继威和马继企三兄弟认为香港回归是重大机遇，公司可以向中国内地拓展商贸活动，但问题是他们并不持有公司的控制权股权。美国股市暴跌而引发的全球股灾导致香港经济动荡。在此背景下，马家三兄弟召开家族内部会，收购家族成员手中的股权。1991 年，盛日收购全体股东股票，将盛日变成鼎盛有限公司的全资子公司。鼎盛有限公司由三兄弟各占 33.3% 股份。1992 年收购完成。马家三兄弟开创了管理层收购的先河，也成为华人家族企业新生代借助西方学来的管理学知识来更新古老家族事业的典例。盛日私有化后，马家家族成员全部退出管理层，马继城、马继威和马继企成为公司的最大股东及管理层的最高决策者。他们开始重新调整公司战略，首先，整顿盛日的多元化业务，只做两种业务，传统的贸易业务和零售业；其次，重组公司的架构，实行专业化管理。私有化期间，盛日业务取得良好的发展。80 年代后期，盛日发展成为一家经营多元化的企业集团，其经营业务从进出口贸易扩展到多个行业。

　　1992 年，邓小平的南方谈话标志着中国进入全方位对外开放新时期。面对新形势，马家三兄弟将盛日集团从事出口贸易的业务重组后，再次在美国挂牌上市。随着 90 年代全球并购浪潮的到来，盛日贸易在 1998～2013 年间共进行了几十次收购。2007 年前，实施并购策略，以收购大型或具有战略性的公司为主。借助被收购公司已经建立的强大客户关系，帮助盛日开拓新的市场和业务，进一步增强本业的实力。2007 年后，开始奉行"双线收购"策略，收购对象既有大型或具有战略性的公司，也有规模小的公司。通过收购规模小的公司，帮助盛日拓展新业务范围，获取新技术，扩展现有能力。盛日贸易并购了其长期竞争对手。由此，盛日从一家地区性的贸易公司成为跨国大企业。并购后，开始推行合并计划。经过 20 多年的

改革，盛日在保持传统华人家族企业文化的同时，成功引入和融合了一套
美国的先进企业管理制度。2002 年，盛日集团旗下公司盛日零售收购竞争
对手亚洲区业务，成为亚洲区最大的零售商之一。随后马家三兄弟开始进
行业务重组，2007 年，盛日将旗下子公司分拆上市，2013 年，为了进一步
重组盛日在内地的业务架构，私有化旗下上市公司。另外，开始服装业转
型，实施亚洲化和精品化战略，2004 年，盛日服装在美国创业板上市后，
积极拓展中国内地市场；以高端奢华品牌为主的盛日控股 2009 年在美国主
板上市，成为国际上高级奢华的国际品牌零售店。这一时期，盛日的业务
角色从简单的中间商蜕变为多元化经营的跨国公司。

2008 的金融危机后，盛日集团加速内部改革，使公司由原来拥有的一
个环球网络，发展至三个环球业务网络，为客户提供涵盖整个供应链的一
站式服务。为了配合业务架构的重组，2014 年集团高层管理层进行调整，
开始启用职业经理人出任集团总裁及行政总裁。马家三兄弟主张精英领导，
如果第四代有能力掌管盛日集团，他们便是接班人。2017 年，第四代马云
英出任盛日总裁兼首席执行官。因为全球需求下滑和电商对零售业的冲击，
盛日正面临前所未有的严峻挑战。马云英大刀阔斧进行业务重组，但是公
司仍然处在低谷中。

7.2　盛日集团基因识别

盛日集团的数据主要采集于公开出版的系列图书，并以盛日集团官网、
中国知网（CNKI）、百度搜索和 GOOGLE 搜索等作为补充渠道。所收集数
据均反复进行比较，以保证数据的客观性、可靠性。

根据扎根理论的编码程序，首先对盛日集团四代企业家的所有行为活动
（1880～2017）进行开放式译码，最终获得 867 个概念（见图 7 – 1）和 203 个
范畴。然后进行主轴编码，获得十个主范畴（基因要素），部分主范畴的生成
过程见表 7 – 1。最后，获得盛日集团基因在代际间的表现，见图 7 – 2。

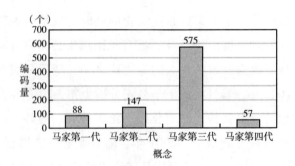

图 7 - 1   盛日集团概念分布

表 7 - 1   部分支持范畴和主范畴生成过程

典型模型分析			提炼新范畴
条件/原因	行动/互动策略	结果	
香港成为远东转口贸易港 贸易中间商	主营瓷器业务 制定工艺程序 进入美国市场 扩大业务范围	规模扩大	竞争战略
香港经济转型 纺织品行业机会	延续传统业务 调整业务重点	出口增长 行业龙头企业	
推动改革	集中核心业务 公司上市 以专业化重组公司	专业化经营	
以客户为中心 国际市场环境快速变化	双线收购 轻资产运营 供应链管理 三年计划	形成全球化采购网络 获得市场支配地位 跨国企业集团 增强核心竞争力	
顺势而为	游击策略	多元化经营	
需求共同利益	善意收购	获得协同效应	
发展电子商务	投资互联网	构建供应链平台	
核心业务增长缓慢	合作取代收购 供应链数码化	提升服务效率	

典型模型分析			提炼新范畴
条件/原因	行动/互动策略	结果	
保证产品质量	获得良好声誉 保持密切联系	持久的合作	社会资本
善待合作伙伴	帮助合作伙伴升级 慷慨派息	独特竞争力	
提高公司声誉	公司上市 公司改名	获取公众支持	
	建立盛日研究中心 出版系列书籍 传播管理实践	成为业界研究典范 推动行业发展	
促进香港发展	担任众多政府职务 捐助教育事业	收获众多荣誉	
提升公众信心	邀请媒体参观	获得积极评价	
"政变危机"	重新建立业务关系	公司恢复元气	危机处理
二战影响	战后重建公司	在香港成功立足	
金融危机	根植传统业务 借机收购	成为香港最大的公司之一	
全球股灾 世界经济疲软 香港零售业低迷	重新寻找优质客户 采取稳健策略 运用逆商指数	实现业绩增长	
电商兴起 全球零售业低迷 主要客户流失 净利润下跌	维持派息政策 业务重组 降低成本 扩大客户服务内容 调整采购网络 剥离优质资产上市	度过危险期	
诸子均分 创始股东关系破裂	家族股东兼家族经理 购回创始股东股份	掌控所有权和经营权 绝对控制公司	家族控制
家族股权分散	上市 家族经理层收购 交替担任最高决策职位	两权分离 股权结构单一化 掌控经营决策权	

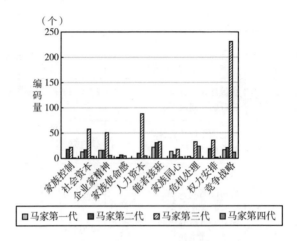

图 7-2　盛日集团的编码结果

7.3　盛日集团基因复制

根据盛日集团的扎根结果，绘制盛日集团基因的复制曲面图。盛日集团基因经过四代企业家的不断复制，不断强大。从图 7-3 中也可以看出，马家家族第三代企业家对盛日集团基因的贡献最大。

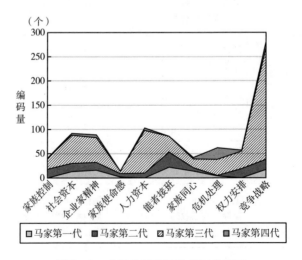

图 7-3　盛日集团基因的复制曲面图

7.3.1 启动阶段

盛日集团几代企业家都延续家族注重教育的传统，一方面，以身示范，创造一个好家风，教导后代遵循中国传统的家庭观念，夫妻之间和兄弟姐妹之间关系和睦；另一方面，引导后代学习西方的知识。盛日集团第一代企业家向父辈培养自己一样，将第二代家族成员送到国外最好的学校学习，学习西方的商业活动。第二代企业家将后代送到国外著名大学攻读商科，第三代企业家不仅将后代送到国外大学求学，还让后代到中国内地高校攻读商科硕士学位。通过家庭伦理教育和学校商科教育，盛日集团继任者不仅对家族有很强的责任感和使命感，还具有开拓创新的企业家精神。

7.3.2 交接阶段

根据扎根理论的分析结果，盛日集团基因在交接阶段的复制情况见表 7 – 2 和图 7 – 4，表中没有马家第四代，因为马家第四代还没有到交接阶段。

表 7 – 2 　　　　　　　　盛日集团基因在交接阶段的复制表现

项目	交接阶段 Ⅰ				交接阶段 Ⅱ					交接阶段 Ⅲ				
	家族使命感	家族控制	企业家精神	能者接班	家族使命感	家族控制	企业家精神	能者接班	权力安排	家族控制	危机处理	竞争战略	人力资本	社会资本
马家第一代	1	0	3	10	0	0	5	12	0	0	4	7	0	7
马家第二代	2	8	7	12	2	7	8	19	13	3	0	14	6	12
马家第三代	2	5	10	12	2	5	30	21	24	5	17	105	32	20

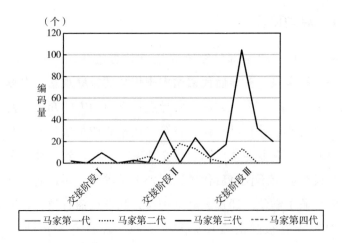

图 7 - 4 盛日集团三代企业家在交接阶段的基因复制曲线图

该曲线图说明盛日集团基因在不同代际之间的复制程度是有差异的。盛日集团第一代企业家马春城在交接阶段（1935～1946），一方面，继续维持家族对企业的控制权，继续以好的家风潜移默化地影响第二代家族成员；另一方面，让第二代家族成员马阳东等较早进入企业，从基层做起，就像一般员工一样。经过几年的基层历练，第二代家族成员的能力得到提升，均顺利成为盛日集团中层管理者。马春城采取任务和职位不匹配的激励方式，让第二代家族成员从事具有挑战性的任务，但是并不给予过高的职位。例如，1938 年，马春城将到香港筹建盛日分公司的重任交给了马阳东，当时马阳东在盛日的职位仅为办公室助理。在香港盛日公司，马阳东的职位仅为副经理。

盛日集团第二代企业家马阳东在交接阶段（1975～1984）让第三代马继城、马继威和马继企运用他们所学到的西方商业管理知识诊断企业存在的问题，支持他们进行组织创新、制度创新、人才创新和战略创新等。首先，以公司上市契机，改革现有的组织结构、完成所有权和经营权的分离和专业人才的引进。其次，世界经济衰退和西方国家的实行纺织品出口配额限制，导致盛日的业绩倒退，失去合作多年的大客户。这次危机让盛日意识到依赖单一大客户的风险。因此盛日重新思考其在贸易中的角色，提出为客户提供整体商业服务的全新战略理念。此后，盛日通过合资的方式推行这一新的战略。

盛日集团第三代企业家马继城、马继威和马继企三兄弟在交接阶段（2007～2017）突出企业家精神、权力安排、危机处理、竞争战略、人力资本和社会资本等基因要素的复制，尤其是竞争战略。在交接阶段，盛日继续推行收购战略，共完成40项收购，加强盛日集团的基本业务，占领亚洲市场并进入其他新兴市场，拓展时尚产业。盛日集团通过收购获得了更多的专业人才。2015年对管理层的重大调整和选择职业经理人接班等系列动作为第四代接班提供合理的权力架构和足够的社会资本。但是2013年以来，盛日面临转型和全球需求下滑的严峻挑战。2014～2019年，盛日公司营业额下跌13%至143亿美元，净利润从5.62亿美元大幅下跌至2.35亿美元。另外，从2014年1月至今，盛日市值从2140亿港元的顶峰暴跌75%至535亿港元。第四代马云英正是在此严峻危机之时接手盛日集团。

7.3.3　护航阶段

马家第一代企业家马春城因为过早离开人世，并没有在护航阶段采取相应的基因复制行为。盛日集团第二代企业家马阳东在护航阶段更多是积极参与社会活动，积累社会资本。盛日集团第三代企业家马继城、马继威和马继企在护航阶段则是通过增持企业股票强化家族对盛日的控制权，提振利益相关者对企业的信心。尽管将经营决策权下放给第四代，但仍然把控盛日的最高决策权。

7.4　盛日集团基因表达

7.4.1　文化领导、表征和认同

盛日集团马春城、马阳东、马继城、马继威和马继企三代企业家在文化控制、文化表征和文化认同层面采取的措施见表7-3。

表 7 - 3   盛日集团文化的领导 - 表征 - 认同

项目	文化领导	文化表征	文化认同
马家第一代	中国传统的家文化和西方经营思想的结合,坚持信用和创新的企业文化,通过自身的行为感召员工	盛日公司的命名、塑料花、开列商谈清单、立字为据、开拓美国业务、像亲三兄弟一样对待合伙人	无
马家第二代	中国传统的家文化和西方经营思想的结合,坚持信用和创新的企业文化	每次会见客人,都做充分准备,事先他会记住每位客人以及其太太和子女的姓名,准备好要问的问题;"现在讲求专业化,盛日雇佣协助业务的得力助手很多都是从美国留学回来的。时代不同了,不能不跟时代变";"这是公司首次从专业的角度,应用现代西方管理技术去检查整个系统的运作"	家族化管理、待员工非常谦和
马家第三代	中国传统的家文化和西方经营管理模式的结合,坚持信用和创新的企业文化	某个员工说:"每当我的妻子来香港,马继城、马继威和马继企的母亲都会邀请她去喝茶和购物";"每年年三十晚一定在湾仔会议展览中心宴会厅和盛日全体员工一起吃团年饭";"每次加夜班,马继威和马继企都叫司机送工人回家"	视员工如家人、开会时像家人一样亲切、忠诚对待员工、同事间相处愉快、真诚;喜欢和人直接交谈;注重和员工保持长期的合作共事和亲密关系;为了融合被收购的外资公司,每月的营运例会都以英语为主,让不同文化背景下的经理们面对面沟通,发表意见;让管理人员有一种终身学习的概念;实施人才培养和培训计划

7.4.2 软实力合成和传播

为了打造盛日集团的软实力,盛日集团三代企业家在企业软实力内部合成和对外传播层面采取的措施见表 7 - 4。

表7－4   盛日集团软实力的合成和传播

项目	企业软实力内部合成	企业软实力对外传播
马家第一代	家族控制力和企业竞争力的合成 家族凝聚力和企业联结力的合成	和合作伙伴保持密切的联系、持久的合作关系
马家第二代	家族控制力和企业竞争力、家族凝聚力和企业联结力、家族继任力和企业应变力的合成	积极参与社会活动
马家第三代	家族控制力和企业竞争力、家族治理力和企业组织力、家族凝聚力和企业联结力的合成：三年计划、执行董事制、企业内企业家	上市、多重社会身份

在表 7－4 中，马家第三代企业家在基因表达阶段的软实力管理从 2007 年开始，终于 2017 年（第四代接班）。为了进一步说明马家第三代企业家在软实力提升方面的表现，采用表 5－21 家族企业软实力测量指标，从盛日集团财务报表中获取相关数据，分析结果见图 7－5。因为公开查询到的报表从 1999 年开始，所以收集的是 1999～2018 年间的数据。盛日集团的软实力总体呈现波动变化趋势。2007～2017 期间，家族控制力基本保持不变，竞争力波动太大，马家第三代主要单方面提升企业竞争力来增强家族控制力和企业竞争力的合力；继任力和应变力的合力基本保持不变；治理力和组织力的合力、凝聚力和联结力的合力有显著增加。

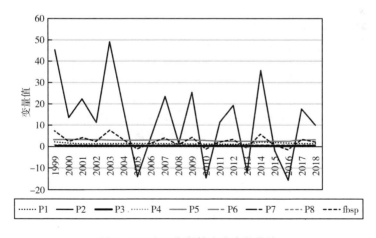

图 7－5 盛日集团软实力变化曲线

7.5 盛日集团基因重组

家族企业继任者根据环境的变化修改或者完善基因要素。通过扎根分析发现，盛日集团继任者在所有十个基因要素方面，均有增加新的面向或支持范畴，见表7–5。

表7–5　　　　　　　盛日集团基因的代际重组

盛日集团基因	新面向及来源	新的支持范畴及来源
竞争战略	公司上市、以专业化重组公司、收购战略、全球供应链经营者（马家第三代）	香港经济转型、调整业务重点（马家第二代）
人力资本	人情味的管理（马家第二代） 重视人才培训、储备未来人才、培养员工的企业家精神、文化整合、并购获得专业人才、灵活的组织结构（马家第三代）	灵活而完善的激励机制（马家第三代） 开放式办公、聘请数码专业员工（马家第四代）
危机管理	家族经理人叛变（马家第二代）、稳健策略（马家第三代）、业务重组（马家第四代）	逆境商数（马家第三代）
家族同心	设立家族共同财产（马家第二代）、成立家族私人投资公司（马家第三代）、家族内部融资（马家第四代）	无
能者接班	支持公司改革（马家第二代）、企业外任职（马家第三代）、主张精英接班（马家第三代）	到中国大陆求学（马家第三代）
家族控制	以私有化获得控制权（马家第三代）	无
权力安排	引入外部职业经理人、以温和的态度传播新观念、给予经理人独立经营权、执行董事制（马家第三代）	无
企业家精神	敢为天下先（马家第二代）、极具变革意识、做生意要灵活、产品创新（马家第二代） 反思公司价值、观念创新、制度创新、经营模式创新、激励管理层创新（马家第三代）、对未来谨慎乐观（马家第四代）	无

续表

盛日集团基因	新面向及来源	新的支持范畴及来源
家族使命感	公司更名盛日集团（马家第三代）	无
社会资本	兼任多种社会职务、捐助教育事业（马家第二代）、固定派息政策（马家第三代）、公司上市、传播管理实践、提升公司声誉（马家第三代）	帮助合作伙伴升级（马家第三代）

由图 7-2 和图 7-3 可知，盛日集团基因的重组路径是以竞争战略驱动其他基因要素进行变革的过程。因此，重点分析竞争战略在不同代际间的创新表现，如图 7-6、图 7-7、图 7-8、图 7-9 所示。盛日集团四代企业家的竞争战略遵循不同的创新路径。盛日集团第一代创立企业的核心业务，第二代立足核心业务，不断进行市场扩张和业务多元化。马家第三代通过一系列的战略创新，将盛日集团发展成为全球著名的跨国集团。但是 2010 年前后，电商的冲击造成全球零售市场持续低迷，马家第四代接班后，遭遇盛日集团发展历史上最大的经营危机。尽管采取了放缓收购、提升订单生产速度、节约成本等措施，盛日集团的经营业绩持续下滑。经过几年的适应期，马家第四代将竞争战略确立核心业务的数码化改革。

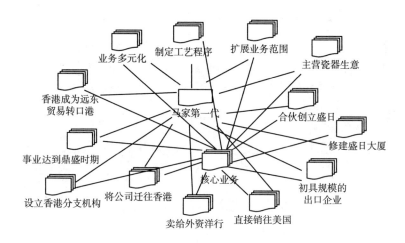

图 7-6　马家第一代竞争战略

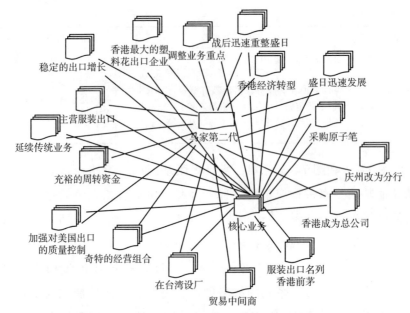

图 7 - 7　马家第二代竞争战略

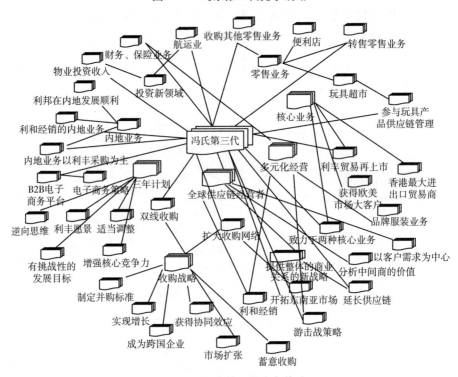

图 7 - 8　马家第三代竞争战略

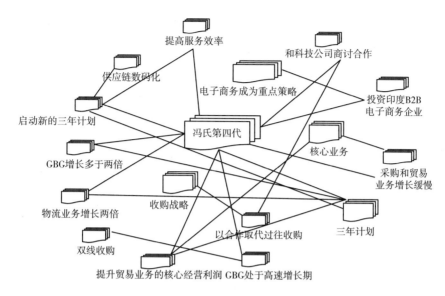

图 7 – 9   马家第四代竞争战略

由图 7 – 2 和图 7 – 3 可知，盛日集团第三代企业家对盛日集团基因进行了重大重组。重组的同时进行文化创新和提升软实力。盛日集团第三代，通过对价值链的分析，重新定义父辈的贸易中间商，将战略定位为全球化供应链管理者。以此战略为核心，将以客户为中心的理念注入企业文化中，设置基于客户服务的灵活组织架构，并形成激发员工创业精神的激励机制。

文化的变革提高了公司内部运作的效率，盛日集团的控制力、竞争力、治理力、组织力、继任力、应变力、凝聚力、联结力等合力得以增强。另外，盛日集团以公司更名、上市等方式增强公司的知名度，提升企业软实力。

7.6   基市结论

盛日集团历经四代稳定延续是继任者继承第一代企业家的基因并不断创新的结果。第一代企业家在企业家精神的指引下，集聚社会资本和人力资本，实施竞争战略和危机处理，建立企业独有的贸易中间商模式。盛日集团继任者在家族使命感和企业家精神感召下继承和改进家族企业基因。由生物血缘性所决定的家族使命感让继任者天生就有一种继承家业的责任感。这种责任感激励继任者以自律的态度参与企业管理，以谨慎的态度应对危机和实施扩张战略；同时根据外部环境变化不断冒险和创新，维持、修正基因要素的惯例行为和创造新惯例，重组企业。盛日集团基因经过四代企业家的不断复制、表达和重组，成为盛日集团成长的内生性决定要素。盛日集团基因通过文化领导、文化表征和文化认同，转变为盛日集团的企业文化，并充分发挥文化的内部整合作用和积极对外传播，打造了盛日集团强大的企业软实力，实现了家业延续。

7.7　本章小结

本章首先简要介绍盛日集团的发展历史，然后对盛日集团四代企业家行为进行扎根分析，识别出盛日集团基因要素包括家族使命感、家族控制、家族同心、权力安排、能者接班、企业家精神、人力资本、社会资本、竞争战略和危机处理。接着分析了盛日集团基因在不同代际间的复制、表达和重组特点。根据盛日集团三代企业家在启动、交接和护航阶段的基因复制行为，绘制基因复制曲线图，指出基因在不同代际间复制程度的差异；并指出不同代际间企业文化领导、文化表征、文化认同方式，以及盛日集团软实力的合成和传播方式。最后分析了盛日集团基因在不同代际间的重组特点。盛日集团三代企业家以环境驱动型战略为导向，重新对竞争战略的惯性行为进行修正，创造新的惯例，并基于此形成新的企业文化，提升了企业软实力。

第 8 章

全书总结与研究展望

8.1 全书总结

本书认为，家族企业成长是一种类生物有机体的演化过程，为此，引入生物基因理论，探索和发现家族企业代际传承基因要素，并揭示家族企业基因在代际传承中的机理。

本书的主要研究工作总结如下。

第一，本书讨论了家族企业的定义，阐述了家族企业基因的概念、特性及功能，探讨了家族企业基因代际传承的内在规定性，以及家族企业基因代际传承的特性包括一般特性和本质特性，进而建立了以家族企业基因的识别、遗传、变异为构面的家族企业基因代际传承分析框架。

第二，本书选择九个传承超过四代的家族企业作为典型案例，运用扎根理论方法对每个家族企业历代企业家的经营管理行为进行开放式编码、主轴编码和核心编码，并借助质性分析软件 MAXQDA 12.0，归纳共性特征并进行理论抽象，发现和提炼家族企业基因要素，它们是家族控制、家族同心、家族使命感、能者接班、企业家精神、人力资本、社会资本、权力安排、危机处理和竞争战略 10 个范畴。在此基础上，本书发掘了这 10 个范畴的内在逻辑关系，构建了家族企业基因的 DNA 模型。最后，构建结构方程模型，运用 SPSS 22.0 和 AMOS 22.0 数据分析软件，对所构建的家族企业基因模型进行验证。

第三，本书认为家族企业基因的代际传承机理由遗传和变异机理构成。本书借鉴生物学基因遗传的中心法则，通过概念和功能分析，将企业文化和企业软实力类比为生物基因的 RNA 和蛋白质，揭示了家族企业基因—企业文化—企业软实力的遗传机理。家族企业基因的遗传机理分为复制机理和表达机理。家族企业基因在代际之间首先进行自我复制，然后转录为企业文化，最后通过企业文化翻译为企业软实力完成表达。进一步分析发现，家族企业基因的复制是通过现任者的言传身教和继任者的吸收模仿实现的。在家族企业基因表达阶段，家族企业基因转录为企业文化，然后依据家族企业的遗传密码词典，最终被翻译成八个软实力因子，即控制力、竞争力、凝聚力、联结力、治理力、组织力、继任力、应变力。由此，构建了家族企业基因复制机理和家族企业基因表达机理的计量模型，选择已经接班的 81 个中国上市家族企业的截面数据和面板数据，采用 Stata 12.0 统计软件，验证了家族企业基因的复制机理和表达机理。本书围绕变异机理，探讨了家族企业基因的代际重组机理。认为家族企业基因在外部环境和人为干预的双重影响下，通过维持、修正和创造三种路径实现基因重组，形成新的企业文化，提升企业软实力。由此，构建了家族企业基因重组机理假设模型和假设关系，选择已经接班的 81 个中国上市家族企业的面板数据，验证了家族企业基因重组机理。

第四，在家族企业代际传承基因要素、传承机理研究的基础上，本书提出基于基因理论的家族企业代际传承管理对策，包括基因要素管理对策、基因复制管理、基因表达管理对策、基因重组管理对策。具体对策有：在家族企业代际传承开始之前，需要对基因要素进行检测、培育和优化管理；在家族企业基因复制的启动阶段，需要完成家族企业使命感和企业家精神两个基因要素的复制；在家族企业基因复制的交接阶段，需要制定复制计划、选择复制方式和冲突管理；在家族企业基因复制的护航阶段，要对复制效果进行评估，增强继任者的创新能力；在家族企业基因表达的转录环节，对文化的领导方式、符号选择和价值转换成为管理的关键内容；在家族企业基因表达的翻译环节，其管理关键是软实力因子的内部合成和企业软实力作为一个整体对外传播；在家族企业基因重组阶段，其管理关键是进行战略定位，创造重组条件和建立激励机制。

第五，本书选择盛日集团作为案例，分析家族企业基因传承机理。首先，对盛日集团四代企业家的经营管理行为进行扎根分析后发现，盛日集团基因同样由家族使命感、家族控制、家族同心、权力安排、能者接班、企业家精神、人力资本、社会资本、竞争战略和危机处理等 10 个要素构成。一方面，盛日集团三代企业家作为传承者，将家族企业基因在代际间进行复制，并通过文化领导、文化表征和文化认同不断强化盛日集团的企业文化；充分发挥文化的内部整合作用和积极对外传播公司的价值观，打造了强大的企业软实力。另一方面，盛日集团三代企业家作为创新者，充分发挥企业家的冒险和创新精神，根据环境变化调整战略定位，维持、修正基因要素的惯例行为，并创造新惯例，重组企业，实现了家业延续。

8.2　主要创新点

本书基于跨学科思维，将生物基因理论应用于家族企业代际传承研究，属于移植创新。具体创新点如下。

8.2.1　构建了家族企业基因模型

生物基因是决定有机体成长的本质要素。家族企业代际传承的重点是要确保能够维持家族企业持续经营的核心要素在代际间的成功转移。生物基因和家族企业的核心要素之间具有同质性。基于此，本书通过扎根理论方法进行案例分析，提炼出家族控制、家族同心、家族使命感、能者接班、企业家精神、人力资本、社会资本、权力安排、危机处理和竞争战略 10 个核心要素，并模仿 DNA 结构，构建了家族企业基因模型。

8.2.2　揭示了家族企业基因代际传承的机理

本书基于生物基因的遗传中心法则，揭示了家族企业基因代际传承机理，包括遗传机理与变异机理。本书认为家族企业基因的遗传机理分为复制机理和表达机理。家族企业基因在代际之间首先进行自我复制，然后转录为企业文化，最后通过企业文化翻译为企业软实力完成表达。本书围绕变异机理，探讨了家族企业基因的代际重组机理。认为家族企业基因在外部环境和人为干预的双重影响下，通过维持、修正和创造三种路径实现基因重组，形成新的企业文化，提升企业软实力。

8.2.3 提出基于基因理论的家族企业代际传承管理对策

在家族企业代际传承基因要素、传承机理研究的基础上，本书提出基于基因理论的家族企业代际传承管理对策、包括：基因要素管理对策、基因复制管理、基因表达管理对策、基因重组管理对策。

8.3 研究展望

本书将家族企业代际传承嵌入企业成长过程，构建了一个家族企业代际传承的整合性解释框架，丰富了家族企业代际传承研究。为了提升理论的适用范围和应用前景，本书还需要进行以下相关的后续研究。

第一，将家族企业代际传承和外部环境变迁结合，继续探索市场、技术、经济和制度等环境对家族企业基因在代际间的遗传和变异的影响路径。

第二，将家族企业代际传承和文化差异结合，继续分析不同文化背景下家族文化、家族伦理对家族企业基因结构的影响。

第三，将家族企业代际传承和企业战略结合，沿着环境—战略—基因结构—行为—绩效的作用路径，继续深入分析企业战略和家族企业基因结构、家族企业基因结构和组织行为的内生关系，提出家族企业主动适应环境的战略管理模式。

附录

家族企业基因和企业绩效
关系的调查问卷

尊敬的女士/先生：您好！

我们是福州大学经济与管理学院的研究人员，希望了解您所在的家族企业基因对企业绩效影响的情况。恳请耽误您几分钟的时间完成调查问卷，请根据您所在企业实际情况和想法作答，答案无对错之分，对您提供的帮助本人表示衷心感谢！

本调查问卷的所有内容都将严格保密，仅用于学术研究，不会用于任何商业活动。

第一部分：家族企业的基本信息

1. 贵公司所在地区＿＿＿＿＿＿＿

2. 贵公司主要提供的是哪一类型的产品/服务＿＿＿＿＿＿＿

3. 贵公司成立的时间（　　　）

A. 3 年以内　　　B. 3~5 年　　　C. 5~10 年　　　D. 10~20 年

E. 20 年以上

4. 您所在企业的员工数量（　　　）

A. 小于100 人　　B. 100~300 人　C. 300~500 人　D. 500~800 人

E. 800 人以上

5. 您所在企业的层级（从企业最高层岗位到基层岗位之间的层级数目）（　　　）

A. 2 层　　　　B. 3 层　　　　C. 4 层　　　　D. 5 层

E. 6 层及以上

6. 您所在企业的部门数量 （　　　）

A. 3 个及以下　　　B. 4～5 个　　　C. 6～7 个　　　D. 8～9 个

E. 10 个及以上

7. 您所在的部门是 （　　　）

A. 生产部门　　　B. 营销部门　　　C. 人力部门　　　D. 财务部门

E. 研发部门　　　F. 其他部门

8. 您在贵公司的职位是 （　　　）

A. 高级管理人员　　　　　　　　B. 中级管理人员

C. 一线工作人员　　　　　　　　D. 其他

第二部分：家族企业基因在管理活动中的表现

（请根据贵公司管理相关的实际情况回答下列问题，每个问题有五个程度的选择，从 5 到 1 分别为 "完全符合、比较符合、一般、不太符合、完全不符合"，请以 "√" 标出）

序号	问　题	完全符合	比较符合	一般	不太符合	完全不符合
1	创始人对企业拥有强烈的责任感	5	4	3	2	1
2	接班人对企业拥有强烈的责任感					
3	接班人对企业有很强的认同感					
4	创始人及家族成员拥有对企业的33%以上的股份					
5	创始人及家族成员拥有超过半数的表决权					
6	创始人及家族成员不愿稀缺股权获得外部投资					
7	创始人和家族成员保持良好关系					
8	家族成员积极参与企业活动					
9	家族成员经常举办家族聚会					
10	创始人有培养接班人的打算					
11	创始人愿意选择有能力的接班人					
12	接班人积极学习管理能力					

续表

序号	问　　题	完全符合	比较符合	一般	不太符合	完全不符合
13	董事长兼任总经理					
14	家族成员担任管理要职					
15	非家族高管拥有的权力有限					
16	创始人拥有冒险精神并付诸行动					
17	创始人拥有创新精神并付诸行动					
18	创始人善于发现新的市场机会					
19	企业有长远的竞争战略					
20	企业有根据战略计划采取行动					
21	竞争战略给企业带来竞争优势					
22	创始人拥有良好的社会关系					
23	企业易于从外部获得各种奖励或声誉					
24	创始人拥有较高的社会地位					
25	创始人具有危机意识					
26	创始人具有危机处理的能力					
27	创始人善于把危机转变为机会					
28	创始人按照自己的偏好来招聘员工					
29	企业看重人力资源的培训开发					
30	企业有比较完善的激励机制					
31	企业营业收入对利润的贡献很大					
32	企业创始人及高管团队的经营能力不错					
33	企业拥有核心竞争力					

问卷到此结束，感谢您的参与配合，谢谢！

参 考 文 献

1. Birley S. Succession in the family firm: The inheritor's view [J]. Lancet, 1986, 2 (7770): 231.

2. Beckhard, R., Burke, W. Preface [J]. Organizational Dynamics, 1983, 12: 12.

3. Beckhard, R., Dyer, W. G. Managing continuity in the family-owed business [J]. Organizational Dynamics, 1983, 12 (1): 5-12.

4. Dyer, W. G. Cultural Change in Family Firms [D]. San Francisco, CA: Jossey-Bass Publishers, 1986.

5. Lansberg, I. The Succession Conspiracy [J]. Family Business Review, 1988, 1 (1): 119.

6. Davis, J. A., Tagiuri, R. The influence of life stage on father son work relationships in family companies [J]. Family Business Review, 1989, 2 (1): 47-74.

7. Handler, W. C. Managing the Family Firm Succession Process: The Next Generation Family Members' Experience [D]. Boston University, Boston, M A., 1989.

8. Handler, W. C. The succession experience of the next generation [J]. Family Business Review, 1992, 5 (3): 283-307.

9. Seymour, K. C. International relationships in the family firm: the effect on leadership sueeession [J]. Family Business Review, 1993, 6 (3): 263-281.

10. Goldberg, S. D., Wooldridge, B. Self-confidence and managerial auton-

omy: Successor characteristics critical to succession in family firms [J]. Family Business Review, 1993, 6 (1): 55 – 73.

11. Baraeh, J. A. , Ganitsky J. B. Successful succession in family business [J]. Family Business Review, 1995, 8 (2): 131 – 155.

12. Fiegner, M. K. , Brown, B. M. , Prince, R. A. , File, K. M. Passing On strategic vision [J]. Journal of Small Business Management, 1996, 34 (3): 15 – 26.

13. Morris, M. H. , Williams, R. O. , Allen, J. A. , Avila, R. Correlates of Success in family business transitions [J]. Journal of Business Venturing, 1997, 12 (5): 385 – 401.

14. Drozdow, N. What is continuity? [J]. Family Business Review, 1998, 11 (4): 1337 – 1347.

15. Chrisman, J. J. , Chua, J. H. , Sharma, P. Important attributes of successors in family businesses: an exploratory study [J]. Family Business Review, 1998, 11 (1): 19 – 34.

16. Stavrou, E. T. Succession in family businesses: exploring the effects of demographic factors on offspring intentions to join and take over the business [J]. Journal of Small Business Management, 1999, 37 (3): 43 – 61.

17. Bjuggren, P. , Sund, L. Strategic decision making in intergenerational successions of small—and medium-size family owned businesses [J]. Family Business Review, 2001, 14 (1): 11 – 24.

18. Steier, I. Next-generation entrepreneurs and succession: an exploratory study of modes and means of managing social capital [J]. Family Business Review, 2001, 14 (3): 259 – 276.

19. Cabrera-Suárez K. , De Saá-Pérez P. , García-Almeida D. The succession process from a resource and knowledge-based view of the familyfirm [J]. Family Business Review, 2001, 14 (1): 37 – 48.

20. Howorth, C. , Ali, Z. A. Family business succession in Portugal: An examination of case studies in the furniture industry [J]. Family Business

Review, 2001, 14 (3): 231 – 244.

21. Sharma, P. , Chrisman, J. J. , Pablo, A. , Chua, J. H. Determinants of initial satisfaction with the succession process in family firms: A conceptual model [J]. Entrepreneurship Theory and Practice, 2001, 25 (3): 17 – 35.

22. Sherma, P. , Chrisman, J. J. , Chua, J. H. Succession planning as planned behavior: some empirical results [J]. Family Business Review, 2003, 16 (1): 1 – 16.

23. Sharma, P. An overview of the field of family business studies: current status and directions for the future [J]. Family Business Review, 2004, 17 (1): 1 – 36.

24. Breton-Miller, Miller, D. , Steier, L. Towards an integrative model of effective FOB succession [J]. Entrepreneurship Theory and Practice, 2004, 29 (2): 305 – 328.

25. Vemer, E. , Boshoff C. , Maas, G. The influence of successor – related factors on the succession process in small and medium sized family businesses [J]. Family Business Review, 2005, 18 (4): 283 – 303.

26. Lambrecht J. Multigenerational transition in family businesses: A new explanatory model [J]. Family Business Review, 2005, 18 (4): 267 – 282.

27. Yan, J. , Sorenson, R. The effect of Confucian values on succession in family business [J]. Family Business Review, 2006, 19 (3): 235 – 250.

28. Scholes, M. , Wright, M. , Westhead, P. , Burrows, A. , Bruining, H. Information sharing, price negotiation and management buy-outs of private family-owned firms [J]. Small Business Economics, 2007, 29 (3): 329 – 349.

29. Tatoglu, E. , Kula V. , Glaister K. Succession planning in family-owned businesses: Evidence from Turkey [J]. International Small Business Journal, 2008, 26 (2): 155 – 180.

30. Kansikas J. , Kuhmonen T. Family business succession: Evolutionary economicsapproach [J]. Journal of Enterprising Culture, 2008, 16 (03): 279 – 298.

31. Cater, J. , Justis, R. The development of successors from followers to

leaders in small family firms: An exploratory study[J]. Family Business Review, 2009, 22 (2): 109 – 124.

32. Vincent Molly, Eddy Laveren, Marc Deloof. Family Business Succession and its Impact on Financial Structur and Performance [J]. Family Business Review, 2010, 23 (2): 131 – 147.

33. Loy, Teik-Cheok Johnben. (2010). Dynasting across cultures: A grounded theory of Malaysian Chinese family firms. Retrieved from the University of Minnesota Digital Conservancy, http: //hdl. handle. net/11299/94299.

34. Thomas Zellweger, Philipp Sieger, Frank Halter. Should I stay or should I go? Career choice intentions of students with family business background [J]. Journal of Business Venturing, 2011, 26 (5): 521 –536.

35. Bracci, Enrico, Vagnoni, Emidia. Understanding Small Family Business Succession in a Knowledge Management Perspective [J]. Journal of Knowledge Management, 2011, 9 (1): 7 – 36.

36. Beck L. , Janssens W. , Debruyne M. , et al. A study of the relationships between generation, market orientation, and innovation in family firms [J]. Family Business Review, 2011, 24 (3): 252 – 272.

37. Laakkonen A. , Kansikas J. Evolutionary selection and variation in family businesses [J]. Management Research Review, 2011, 34 (9): 980 – 995.

38. George S. , Vozikis, Eric W. , Liguori, Brian, Gibson, K. M. Weaver. Reducing the Hindering Forces in Intra-Family Business Succession [J]. American Journal of Economics and Business Administration, 2012, 4 (1): 94 – 104.

39. Nordqvist, M. , Wennberg, K. , Bau, M. , Hellerstedt, K. An entrepreneurial process perspective on succession in family firms [J]. Small Business Economics, 2013, 40 (4): 1087 – 1122.

40. Schlepphorst S. , Moog P. Left in the dark: Family successors' requirement profiles in the family business succession process [J]. Journal of Family Business Strategy, 2014, 5 (4): 358 – 371.

41. Ahlers O. , Hack A. , Kellermanns F. W. "Stepping into the buyers' shoes": Looking at the value of family firms through the eyes of private equity investors [J]. Journal of Family Business Strategy, 2014, 5 (4): 384 – 396.

42. McMullen, Jeffery S. , Warnick, Benjamin J. To Nurture or Groom? The Parent-Founder Succession Dilemma [J]. Entrepreneurship Theory and Practice, 2015, 39 (6): 1379 – 1412.

43. Michel, A. , Kammerlander, N. Trusted advisors in a family business's succession-planning process—An agency perspective [J]. Journal of Family Business Strategy, 2015, 6 (1): 45 –57.

44. Hauck J. , Prügl R. Innovation activities during intra-family leadership succession in family firms: An empirical study from a socioemotional wealth perspective [J]. Journal of Family Business Strategy, 2015, 6 (2): 104 –118.

45. Mathews, T. , Blumentritt, T. Asequential choice model of family business succession [J]. Small Business Economics, 2015, 45 (1): 15 – 17.

46. Lefebvre M. R. , Lefebvre V. Anticipating intergenerational management transfer of family firms: A typology of next generation's future leadership projections [J]. Futures, 2016 (75): 66 –82.

47. Carney M. , Zhao J. , Zhu L. Lean innovation: Family firm succession and patenting strategy in a dynamic institutional landscape [J]. Journal of Family Business Strategy, 2018, 46 (2): 24 –50.

48. Makó C. , Csizmadia P. , Heidrich B. Heart and Soul: Transferring 'Socio-emotional Wealth' (SEW) in Family Business Succession [J]. Journal of Entrepreneurship and Innovation in Emerging Economies, 2018, 4 (1): 53 –67.

49. 莫日根, 邢万金, 哈斯阿古拉. 基因是什么? 分子遗传学教学中的体会和理解 [J]. 生物学杂志, 2012, 29 (4): 92 –95.

50. 爱德华·O. 威尔逊. 社会生物学: 新的综合 [M]. 北京: 北京理工大学出版社, 2008.

51. 晁上. 论家族企业权力的代际传递 [J]. 南开管理评论, 2002 (5): 47 –52.

52. 储小平. 职业经理与家族企业的成长 [J]. 管理世界，2002（4）：100 – 108.

53. 罗磊. 家族企业继承机制及其文化基础的国际比较 [J]. 东南亚研究，2002（5）：59 – 63.

54. 潘晨光，方虹. 家族企业的继承问题初探 [J]. 世界经济与政治论坛，2003（1）：83 – 87.

55. 李蕾. 家族企业的代际传承 [J]. 经济理论与经济管理，2003（8）：45 – 48.

56. 何心展. 家族企业的传代与继承时机 [J]. 浙江海洋学院学报（自然科学版），2003，22（3）：287 – 292.

57. 高明华，赵云升. 家族企业继任者选择问题探讨 [J]. 天津社会科学，2004（4）：76 – 80.

58. 郭跃进，徐冰. 论中国当代家族企业控制权传承的选择与决定因素 [J]. 贵州财经学院学报，2005（6）：41 – 45.

59. 陈万思，姚圣娟. 中国家族企业继承人培养计划 [J]. 华东经济管理，2005，19（12）：45 – 49.

60. 华涛. 中国家族企业继承问题研究 [J]. 商场现代化，2005（449）：182 – 183.

61. 张瑞，徐明. 中国家族企业"子承父业"传承模式的若干问题探析 [J]. 现代管理科学，2006（8）：86 – 87.

62. 许忠伟，于秀慧. 家族企业的传承冲突与解析 [J]. 湖北经济学院学报，2006，4（2）：16 – 20.

63. 韩朝华等. 传亲属还是聘专家：浙江家族企业接班问题考察 [J]. 管理世界，2005（2）：133 – 142.

64. 赖晓东，蒲云. 民营企业代际传承时机与公司业绩的关系研究 [J]. 经济经纬，2006（3）：100 – 103.

65. 余向前. 家族企业代际传承与制度创新 [J]. 学术月刊，2007，39（3）：94 – 99.

66. 许忠伟，李宝山. 基于企业家生命周期的家族企业传承问题探讨

[J]．生产力研究，2007（9）：107－109．

67. 董巍．我国家族权力继任模式的文化影响［J］．特区经济，2007
（2）：95－95．

68. 贾琳，程玉英，于洁．家族企业难以传承的原因［J］．特区经济，
2007（8）：15－116．

69. 王重鸣，刘学方．高管团队内聚力对家族企业继承绩效影响实证研
究［J］．管理世界，2007（10）：84－98．

70. 黎彩眉．我国家族企业内部接班人培养模型研究［D］．长春：东
北师范大学，2007．

71. 万希．我国家族企业接班人模式的比较和分析［J］．经济经纬，
2007（1）：116－118．

72. 刘学方，姜红玲．特殊知识、薪酬谈判与家族企业接班人选择［J］.
生产力研究，2007（15）：121－123．

73. 刘展铭，许晓明．刍议我国家族企业内部继承模式优化［J］．商业
时代，2008（29）：36－38．

74. 窦军生，贾生华．"家业"何以长青？企业家个体层面家族企业代
际传承要素的识别［J］．管理世界，2008（9）：105－116．

75. 王连娟．家族企业接班与接班人选择［J］．华东经济管理，2008，22
（5）：90－93．

76. 王晓婷，窦军生，贾生华．基于传承过程观的家族企业女性接班人
研究综述［J］．技术经济，2008，27（6）：111－116．

77. 王晓凯．家族企业接班人培养方式选择影响因素研究［D］．杭州：
浙江大学，2008．

78. 余向前，骆建升．家族企业成功传承的标准及影响因素分析［J］．江
西社会科学，2008（5）：99－103．

79. 余向前．家族企业子女接班意愿的影响因素分析：基于温州地区的
调查［J］．软科学，2008，22（8）：55－59．

80. 帅亮．家族企业继承过程中的领导者性格和企业文化［J］．中南财
经政法大学学报，2008（2）：123－128．

81. 黄锐. 家族企业代际传承研究综述〔J〕. 山东社会科学, 2009 (9): 96-99.

82. 刘学方. 家族企业继承计划模式研究〔M〕. 北京: 中国经济出版社, 2009: 15.

83. 杨在军. 中国家族企业继任子承父业模式困惑及其理论解读〔J〕. 当代经济科学, 2009, 31 (5): 104-109.

84. 章凯, 刘永虹, 熊军. 家族企业可持续成长的内部传承模式研究〔J〕. 中国人民大学学报, 2009 (4): 97-105.

85. 贺小刚, 江婷. 我国家族企业的继任满意度: 一个社会调查的结果〔J〕. 生产力研究, 2009 (1): 142-143.

86. 张余华. 家族企业控制权继任模型实证分析〔J〕. 华东经济管理, 2010, 24 (3): 108-112.

87. 窦军生, 李生校. 家族企业传承中的继承人选择〔J〕. 现代经济探讨, 2010 (4): 44-48.

88. 李健, 陈传明. 企业家社会资本传承有效性研究——基于网络结构的视角〔J〕. 经济管理, 2010 (9): 85-92.

89. 王宜楷. 中国家族企业继任模式与继承人选择路径研究〔J〕. 江西农业学报, 2010, 22 (2): 165-168.

90. 王连娟. 女性在家族企业接班中所面临的问题〔J〕. 经济问题探索, 2010 (7): 126-130.

91. 吴士健, 王垒, 刘新民. 家族企业继任者胜任力建模与分析〔J〕. 统计与决策, 2010 (20): 68-70.

92. 张余华. 家族企业控制权继任模型实证分析〔J〕. 华东经济管理, 2010, 24 (3): 108-112.

93. 王呈斌, 伍成林. 内部因素对家族企业传承影响的实证分析——基于在任者的视角〔J〕. 经济理论与经济管理, 2011 (8): 102-110.

94. 陈寒松. 家族企业企业家精神的传承与创新研究〔J〕. 东岳论丛, 2011, 32 (4): 173-177.

95. 何轩, 陈文婷, 檀宏斌. 家族企业准接班人的创业精神传承: 以高校在读家族企业后代为样本的探索性实证研究 ［J］. 管理评论，2011，23（9）：58－67.

96. 山崴. 基于中国传统的家族企业传承问题探讨 ［J］. 价值工程，2011，30（3）：158.

97. 孙海法，黄玉梅. 家族企业继任者领导力发展的过程机制 ［J］. 商业经济与管理，2012（7）：49－56.

98. 王阳明. 中国家族企业接班的现状、困境与对策研究 ［J］. 中国地质大学学报（社会科学版），2012，12（5）：92－101.

99. 魏晋童. 家族企业女性代际传承问题研究 ［J］. 企业家信息，2012（10）：61－64.

100. 金秀玲. 家族企业传承问题及对策 ［J］. 学习月刊，2012（5）：130－131.

101. 于斌斌. 家族企业接班人的胜任一绩效建模——基于越商代际传承的实证分析 ［J］. 南开管理评论，2012，15（3）：61－71.

102. 宋丽红. 家族企业更具有长期导向吗？——基于家族控制与传承意愿的实证检验 ［J］. 杭州师范大学学报（社会科学版），2012，34（2）：88－94.

103. 刘芳. 家族企业传承模式的风险识别 ［J］. 首都经济贸易大学学报，2012，14（5）：65－72.

104. 陈文婷. 家族企业跨代际创业传承研究——基于资源观视角的考察 ［J］. 东北财经大学学报，2012（4）：3－9.

105. 王少杰，刘善仕. 论影响中国家族企业传承的四个核心因素 ［J］. 广西社会科学，2012（11）：55－58.

106. 蔡双立，张潇璇，孙芳. 家族企业代际传承中关系网络异化研究 ［J］. 北京工商大学学报（社会科学版），2012，27（6）：37－43.

107. 余向前，张正堂，张一力. 企业家隐性知识、交接班意愿与家族企业代际传承 ［J］. 管理世界，2013（11）：77－88.

108. 李新春，宋丽红. 传承意愿、行业潜能与家族控制——基于全国私营企业调查的实证检验 ［J］. 吉林大学社会科学学报，2013（1）：111－

123.

109. 林剑，张向前．代际传承视角下家族企业继任者胜任力分析［J］．华东经济管理，2013（10）：140-144．

110. 于飞，刘明霞．我国家族企业代际传承知识转移影响因素分析——一个实证研究［J］．科技进步与对策，2013，30（20）：133-139．

111. 丁夏齐，谢苏英．解决家族企业代际传承困境研究的新思维［J］．人力资源管理，2013（10）：45-47．

112. 周任重．基于创业者知识转移视角的家族企业代际传承模式研究［J］．商业时代，2013（3）：96-97．

113. 何轩，宋丽红，朱沆，李新春．家族为何意欲放手？——制度环境感知、政治地位与中国家族企业主的传承意愿［J］．管理世界，2014（2）：90-101．

114. 许永斌，惠男男，郑秀田．家族企业代际传承与债务特征［J］．商业经济与管理，2014（12）：56-65．

115. 李志刚，于晓蓓，刘振，张守红．家族企业代际传承九要素模型研究［J］．华东经济管理，2014（12）：95-99．

116. 杨玉秀．家族企业代际传承中的家族社会资本［J］．当代经济管理，2014，36（8）：23-29．

117. 胡玮玮．浙商家族企业隐性知识代际传承矩阵：基于多案例的探索性研究［J］．商业经济与管理，2014（1）：50-58．

118. 刘琳，郑建明．家族企业的复合契约治理与代际传承［J］．现代管理科学，2014（9）：6-8．

119. 陈忠卫，张琦．家族企业传承者与继任者间信任关系的研究述评［J］．首都经济贸易大学，2014（6）：96-103．

120. 李新春，韩剑，李炜文．传承还是另创领地？——家族企业二代继承的权威合法性建构［J］．管理世界，2015（6）：110-124．

121. 汪祥耀，金一禾．家族企业代际传承及二代推动战略转型的绩效研究［J］．财经论丛（浙江财经学院学报），2015（11）：61-70．

122. 周鸣阳．默会知识视阈下家族企业代际传承管理与创新［J］．商业经济与管理，2015（11）：88 - 96.

123. 李卫宁，韩荷馨，吕源. 基于代际关系视角的家族企业传承机制——以三个中国家族企业为例［J］. 管理案例研究与评论，2015，8（3）：199 - 209.

124. 胡旭阳，吴一平. 中国家族企业政治资本代际转移研究——基于民营企业家参政议政的实证分析［J］. 中国工业经济，2016（1）：146 - 160.

125. 汪祥耀，金一禾，毕祎. 家族企业代际传承推动还是抑制了创新［J］. 商业经济与管理，2016（12）：73 - 82.

126. 赵晶，孟维烜. 继承人社会资本对代际传承中企业创新的影响［J］. 中国人民大学学报，2016，30（3）：91 - 105.

127. 朱仁宏，伍兆祥，靳祥鹏. 言传身教：价值观一致性、家族传承与企业成长关系研究［J］. 南方经济，2017（8）：68 - 83.

128. 刘娇，王博，宋丽红，张贵英，梁强. 家族企业价值观传承与战略变革——基于探索性的案例分析［J］. 南方经济，2017（8）：49 - 67.

129. 吴炯，刘阳，邢修帅. 家族企业传承的权威基础与权威冲突——合法性的中介作用［J］. 经济管理，2017，39（2）：52 - 65.

130. 程晨. 家族企业代际传承：创新精神的延续抑或断裂？［J］. 管理评论，2018，30（6）：81 - 92.

131. 黄海杰，吕长江，朱晓文. 二代介入与企业创新——来自中国家族上市公司的证据［J］. 南开管理评论，2018，21（1）：6 - 16.

132. 张日波. 马歇尔论经济生物学［J］. 经济学动态，2011（10）：154 - 159.

133. 刘庆昌. 遗传学（第三版）［M］. 北京：科学出版社，2015：38.

134. 孔宪铎，王登峰. 基因与人性［M］. 北京：北京大学出版社，2009：6 - 14.

135. 苏志宁，洪励上. 核糖体 RNA 的转录与调控［J］. 廊坊师范学院学报（自然科学版），2009，9（4）：74 - 77.

136. 杨光锐. 分子生物学中的中心法则［J］. 生物学杂志，1984（3）：

32 – 34.

137. 刁生富. 中心法则与现代生物学的发展 [J]. 自然辩证法研究, 2000, 16 (9): 51 – 55.

138. Hatemi P. K. , Mcdermott R. A Neurobiological Approach to Foreign Policy Analysis: Identifying Individual Differences in Political Violence [J]. Foreign Policy Analysis, 2012, 8 (2): 111 – 129.

139. Martin N. G. , Eaves L. J. , Heath A. C. , et al. Transmission of social attitudes [J]. Proceedings of the National Academy of Sciences, 1986, 83 (12): 4364 – 4368.

140. Alford J. R. , Funk C. L. , Hibbing J. R. Are political orientations genetically transmitted? [J]. American Political Science Review, 2005, 99 (2): 153 – 167.

141. Fowler J. H. , Baker L. A. , Dawes C. T. Genetic variation in political participation [J]. American Political Science Review, 2008, 102 (2): 233 – 248.

142. Fowler J. H. , Dawes C. T. Two genes predict voter turnout [J]. The Journal of Politics, 2008, 70 (3): 579 – 594.

143. Oxley D. R. , Smith K. B. , Alford J. R, et al. Political attitudes vary with physiological traits [J]. Science, 2008, 321 (5896): 1667 – 1670.

144. Dawes C. T. , Fowler J. H. Partisanship, voting, and the dopamine D2 receptor gene [J]. The Journal of Politics, 2009, 71 (3): 1157 – 1171.

145. Hatemi P. K. , Funk C. L. , Medland S. E, et al. Genetic and Environmental Transmission of Political Attitudes Over a Life Time [J]. Journal of Politics, 2009, 71 (3): 1141 – 1156.

146. 郭强，孟宪忠. 基于组织演化的企业基因研究 [J]. 水运管理, 2003 (12): 37 – 39.

147. Tichy N. M. , Sherman S. Control your destiny or someone else will: how Jack Welch is making General Electric the world's most competitive company [J]. Currency Doubleday, New York, NY, 1993.

148. Francis J. Gouillart，James N. Kelly. Transforming the organization：Reframing corporate direction，restructuring the company，revitalising the enterprise，renewing people ［M］. New-York：McGraw-Hill Companies，1995.

149. 肯·巴斯金. 公司 DNA：来自生物的启示 ［M］. 北京：中信出版社，2001：121.

150. Johan C.，Aurik，Gillis J.，Jonk，Roert E. Willen. Rebuilding the Corporate Genome：locking the Real Value of Your Business ［M］. New York：John Wiley Sons，2003.

151. Neilson，G.，Pasternack，B. A.，Mendes，D. The 7 types of organizational DNA. ［J］. Strategy and Business，2004（35）：95 – 103.

152. 许晓明，戴建华. 企业基因的顺反子系统模型及其在企业蜕变中的应用 ［J］. 浙江大学学报（人文社会科学版），2008，38（4）：117 – 127.

153. 周晖，彭星闾. 企业生命模型初探 ［J］. 中国软科学，2000（10）：110 – 115.

154. 刘平青. 家族基因：家族企业生命力解读 ［M］. 太原：山西经济出版社，2003，43.

155. 李全喜，马晓苗，李坤. 基于和谐理论的企业 DNA 模型 ［J］. 科技进步与对策，2009，26（6）：92 – 94.

156. 李欲晓. 企业的遗传基因及其基本结构探析 ［J］. 经济评论，2007（2）：128 – 134.

157. 金占明，杨鑫. 从基因到绩效——管理研究的路径解析 ［J］. 科研管理，2011，32（6）：84 – 90.

158. 刘睿智. 企业基因表达与调控机理研究 ［J］. 山东大学学报（哲学社会科学版），2014（5）：139 – 150.

159. 道金斯，卢允中. 自私的基因 ［M］. 北京：中信出版社，2012：15.

160. 苏珊·布莱克摩尔. 谜米机器——文化之社会传递过程的"基因学"［M］. 长春：吉林人民出版社，2001：12.

161. C. M. Brodsky. The Discovery of Grounded Theory-Psychosomatics ［J］.

Nursing Research, 1968, 17 (4): 377 - 380.

162. 贾旭东, 谭新辉. 经典扎根理论及其精神对中国管理研究的现实价值 [J]. 管理学报, 2010, 7 (5): 656 - 664.

163. 陈向明. 质的研究方法与社会科学研究 [M]. 北京: 教育科学出版社, 2000: 330.

164. 周宪, 胡中锋. 质的研究方法的理论探讨与反思 [J]. 广东社会科学, 2015 (4): 51 - 57.

165. 陈向明. 扎根理论的思路和方法 [J]. 教育研究与实验, 1999 (4): 58 - 63.

166. 朱丽叶·M. 科宾, 安塞尔姆·L. 施特劳斯. 质性研究的基础 [M]. 重庆: 重庆大学出版社, 2015: 153.

167. Glaser, Barney G. Theoretical Sensitivity: Advances in the Methodology of Grounded Theory [M]. Mill Valley: Sociology Press, 1978.

168. Corbin J. M., Strauss A. Grounded theory research: Procedures, canons, and evaluative criteria [J]. Qualitative Sociology, 1990, 13 (1): 3 - 21.

169. Glaser, Barney G. The grounded theory perspective: Conceptualization contrasted with description [M]. Mill Valley: Sociology Press, 2001.

170. 费小冬. 扎根理论研究方法论: 要素、研究程序和评判标准 [J]. 公共行政评论, 2008, 1 (3): 23 - 43.

171. 张敬伟, 马东俊. 扎根理论研究法与管理学研究 [J]. 现代管理科学, 2009 (2): 115 - 117.

172. Maxqda [EB/OL]. [2017 年 5 月 2 日]. www. maxqda. com.

173. 张奕华, 许正妹. 质化资料分析——MAXQDA 软体的应用 [M]. 台北: 心理出版社, 2010, 25.

174. Chua J. H., Chrisman J. J., Sharma P. Defining the family business by behavior [J]. Entrepreneurship Theory and Practice, 1999, 23 (4): 19 - 39.

175. Gersick K. E., Gersick K. E., Davis J. A., et al. Generation to generation: Life cycles of the family business [M]. Boston: Harvard Business Press, 1997.

176. 金祥荣, 余立智. 控制权市场缺失与民营家族制企业成长中的产权障碍 [J]. 温州论坛, 2002 (1): 32 – 36.

177. 储小平. 华人家族企业的界定 [J]. 经济理论与经济管理, 2004, 2 (1): 49 – 53.

178. Daily C. M., Dollinger M. J. Alternative methodologies for identifying family-versus nonfamily-managed businesses [J]. Journal of Small Business Management, 1993, 31 (2): 79.

179. Donnelley R. G. The family business [J]. Harvard Business Review, 1964, 42 (4): 93 – 105.

180. Chua J. H., Chrisman J. J., Sharma P. Succession and Nonsuccession Concerns of Family Firms and Agency Relationship with Nonfamily Managers [J]. Family Business Review, 2010, 16 (2): 89 – 107.

181. Miller D., Steier L., Le Breton-Miller I. Lost in time: Intergenerational succession, change, and failure in family business [J]. Journal of Business Venturing, 2003, 18 (4): 513 – 531.

182. Astrachan J. H., Klein S. B., Smyrnios K X. The F-PEC scale of family influence: A proposal for solving the family business definition problem [J]. Family Business Review, 2002, 15 (1): 45 – 58.

183. 李新春, 任丽霞. 民营企业的家族意图与家族治理行为研究 [J]. 中山大学学报 (社会科学版), 2004, 44 (6): 239 – 248.

184. Chrisman J. J., Chua J. H., Sharma P. Trends and directions in the development of a strategic management theory of the family firm [J]. Entrepreneurship Theory and Practice, 2005, 29 (5): 555 – 575.

185. Davis J. A., Tagiuri R. The influence of life stage on father-son work relationships in family companies [J]. Family Business Review, 1989, 2 (1): 47 – 74.

186. Litz R. A. The family business: Toward definitional clarity [J]. Family Business Review, 1995, 8 (2): 71 – 81.

187. James J. Chrisman, Jess H. Chua, Reginald Litz. A unified systems per-

spective of family firm performance：an extension and integration ［J］. Journal of Business Venturing，2003，18（4）：451 –465.

188. 钱辉，项保华. 企业演化观的理论基础与研究假设 ［J］. 自然辩证法通讯，2006，28（3）：46 –50.

189. 亚里士多德. 物理学 ［M］. 北京：商务印书馆，1982：15 –60.

190. 李姝辄，柳礼泉. 文化强国的逻辑基点——基于"四因说"系统哲学的解读 ［J］. 探索，2014（3）：104 –106.

191. 苗力田. 亚里士多德（第一卷）［M］. 北京：中国人民大学出版社，1990：440.

192. 张家龙. 论本质主义 ［J］. 哲学研究，1999，11（1）：50 –60.

193. 冯棉. 克里普克的本质主义哲学思想 ［J］. 华东师范大学学报（哲学社会科学版），1996（5）：9 –14.

194. 李章印. 对亚里士多德四因说的重新解读 ［J］. 哲学研究，2014（6）：67 –74.

195. 王妍. 继承与创新过程的哲学解析 ［J］. 东北师大学报（哲学社会科学版），2016（6）：115 –119.

196. 王玉峰. 对亚里士多德"四因说"的一种思考 ［J］. 自然辩证法通讯，2015，37（3）：138 –144.

197. Dyer W. G. Succeeding Generations：Realizing the Dream of Families in Business by Ivan Lansberg ［J］. Administrative Science Quarterly，1999，45（2）：401.

198. 孟炎. 价值观与领导行为及绩效的关系 ［D］. 哈尔滨：哈尔滨工业大学，2015.

199. 林琴. 家族传承与内部资本市场效率 ［D］. 天津：南开大学，2014.

200. Pandit N. R. The creation of theory：A recent application of the grounded theory method ［J］. The Qualitative Report，1996，2（4）：1 –15.

201. Corbin J. M. ，Strauss A. Grounded theory research：Procedures，canons，and evaluative criteria ［J］. Qualitative Sociology，1990，13（1）：3 –21.

202. 科利尔．福特家族传［M］．北京：中国时代经济出版社，2004.

203. 季阳明．福特家族传奇［M］．杭州：浙江人民出版社，2012.

204. 吕迪格尔·荣格布鲁特．宝马背后的家族［M］．庆州：花城出版社，2008.

205. 托马斯·舒勒尔．贝塔斯曼背后的家族［M］．庆州：花城出版社，2008.

206. 吴超超．点书成金：贝塔斯曼和他的文化帝国［M］．重庆：重庆出版社，2006.

207. 费托·阿旺塔利奥．法拉利背后的家族［M］．庆州：花城出版社，2008.

208. 摩根·威策尔．塔塔：一个百年企业的品牌进化［M］．北京：电子工业出版社，2012.

209. Yin R. K. Case study research and applications：Design and methods［M］．Sage Publications，2017.

210. 李欲晓．企业的遗传基因及其基本结构探析［J］．经济评论，2007（2）：128–134.

211. 丹尼·米勒．永续经营：杰出家族企业的生存法则［M］．北京：商务印书馆，2006，32.

212. 汤姆·彼得斯，罗伯特·沃特曼．追求卓越（第3版）［M］．北京：中信出版社，2012.

213. 詹姆斯·C. 柯林斯，杰里·I. 波拉斯．基业长青［M］．北京：中信出版社，2002.

214. 刘迎秋．论人力资本投资及其对中国经济成长的意义［J］．管理世界，1997（3）：30–33.

215. Drucker P. F. The discipline of innovation［J］．Harvard Business Review，1985，63（3）：67–72.

216. 李新春．企业家协调与企业集群——对珠江三角洲专业镇企业集群化成长的分析［J］．南开管理评论，2002，5（3）：49–55.

217. 曾萍，邓腾智，宋铁波．社会资本、动态能力与企业创新关系的实证研究［J］. 科研管理，2013，34（4）：50 - 59.

218. 夏征农. 辞海：1999 年缩印本（音序）［M］. 上海：上海辞书出版社，2002：1927.

219. 中国社会科学院语言研究所词典室. 现代汉语词典（修订本）［M］. 北京：商务印书馆，1997：1627.

220. Lerbinger O. The crisis manager：Facing risk and responsibility［M］. Lawrence Erlbaum Associates，1997.

221. 胡百精. 危机传播管理［M］. 北京：中国人民大学出版社，2009.

222. Pearson C. M.，Clair J. A. Reframing crisis management［J］. Academy of Management Review，1998，23（1）：59 - 76.

223. Goldberg S. D. Research note：Effective successors in family-owned businesses：Significant elements［J］. Family Business Review，1996，9（2）：185 - 197.

224. 易丹辉. 数据分析与 EViews 应用［M］. 北京：中国人民大学出版社，2008.

225. 陆娟，芦艳，娄迎春. 服务忠诚及其驱动因素：基于银行业的实证研究［J］. 管理世界，2006（8）：94 - 103.

226. 蔡莉，尹苗苗. 新创企业学习能力、资源整合方式对企业绩效的影响研究［J］. 管理世界，2009（10）：129 - 132.

227. 邱皓政. 量化研究与统计分析：SPSS 中文视窗版数据分析范例解析［M］. 重庆：重庆大学出版社，2009.

228. Byrne B. M. Structural equation modeling with AMOS：Basic concepts，applications，and programming［M］. Routledge，2016.

229. Turner R. H. Role taking：Process versus conformity［J］. Life as theater：A dramaturgical sourcebook，1962：85 - 98.

230. Denison D. R. Bringing corporate culture to the bottom line［J］. Organizational Dynamics，1984，13（2）：5 - 22.

231. 杨生平. 作为文化体系的意识形态——格尔茨的文化意识形态探析［J］. 哲学动态，2014（4）：40 - 44.

232. 颜爱民，高超. 组织文化的演化：社会生物学视角 [J]. 软科学，2008，22（9）：1-5.

233. 韩勃，江庆勇. 软实力：中国的视角 [M]. 北京：人民出版社，2009.

234. 约瑟夫·奈. 软力量：世界政坛成功之道 [M]. 北京：东方出版社，2004.

235. 罗高峰. 基于价值认同视角的企业软实力作用机制研究 [J]. 管理世界，2010（3）：184-185.

236. 兰德尔·卡洛克，约翰·沃德著，谢芳等. 家族企业最佳实践：家族和谐与企业成功的双层规划流程 [M]. 上海：东方出版社，2012，111.

237. Alcorn P. B. Success & survival in the family-owned business [M]. Warner Books，1986.

238. Handler W. C. Succession in family firms：A mutual role adjustment between entrepreneur and next-generation family members [J]. Entrepreneurship theory and Practice，1990，15（1）：37-52.

239. 彭聃龄. 普通心理学（第四版）[M]. 北京：北京师范大学出版社，2012：378.

240. 袁贵任. 价值观的理论与实践 [M]. 北京：北京师范大学出版社，2006：130-133.

241. 波普诺. 社会学（第10版）[M]. 中国人民大学出版社，1999.

242. 周晓虹. 认同理论：社会学与心理学的分析路径 [J]. 社会科学，2008（4）：46-53.

243. 毛晓光. 20世纪符号互动论的新视野探析 [J]. 国外社会科学，2001（3）：13-18.

244. Cabrera-Suarez K. Leadership transfer and the successor's development in the family firm [J]. The Leadership Quarterly，2005，16（1）：71-96.

245. Lansberg I. The succession conspiracy [J]. Family Business Review，1988，1（2）：119-143.

246. 窦少杰. 百年传承的秘密：日本京都百年企业的家业传承［M］. 杭州：浙江大学出版社，2014.

247. 国学大师网［EB/OL］. http：//www. guoxuedashi. com/hydcd/tw_133335x. htm，2017－11－09.

248. 罗竹风. 汉语大词典（第11卷）［M］. 汉语大词典出版社，1993：15368.

249. 中国社会科学院语言研究所词典室. 现代汉语词典（修订本）［M］. 北京：商务印书馆，1997：1495.

250. 朱仁宏，伍兆祥，靳祥鹏. 言传身教：价值观一致性、家族传承与企业成长关系研究［J］. 南方经济，2017（8）：106－116.

251. 窦军生，李生校，邬家瑛. "家和"真能"万事"兴吗？——基于企业家默会知识代际转移视角的一个实证检验［J］. 管理世界，2009（1）：108－120.

252. 郭超. 子承父业还是开拓新机［J］. 中山大学学报（社会科学版），2013，53（2）：189－198.

253. 黄书雅. 跨国公司文化软实力及其对顾客忠诚的影响机理研究［D］. 复旦大学，2011.

254. 埃德加·沙因. 组织文化与领导力（第4版）［M］. 北京：中国人民大学出版社，2014.

255. 于天远，吴能全. 组织文化的定义和研究方法综述［J］. 经济管理，2009（4）：178－182.

256. 斯蒂芬·P. 罗宾斯，玛丽·库尔特. 管理学（第11版）［M］. 北京：中国人民大学出版社，2012：51.

257. 李彬. 传播符号论［M］. 北京：清华大学出版社，2012：232.

258. 赵旭东，朱鸿辉. 传递文化表征何以成为可能？——基于云南西双版纳一傣族村寨的民族志考察［J］. 吉首大学学报（社会科学版），2017，38（5）：29－37.

259. 李娜，王宣喻. 制度视角的家族治理与企业绩效研究——来自中德上市家族企业的对比证据［J］. 南方经济，2014，V32（10）：82－99.

260. 郭际. 企业危机管理能力及其评判研究 [D]. 南京：南京航空航天大学，2008.

261. 周建，金媛媛，袁德利. 董事会人力资本、CEO 权力对企业研发投入的影响研究——基于中国沪深两市高科技上市公司的经验证据 [J]. 科学学与科学技术管理，2013，34（3）：170－180.

262. Barroso C., Villegas M. M., Pérez-Calero L. Board influence on a firm's internationalization [J]. Corporate Governance：An International Review，2011，19（4）：351－367.

263. 马富萍，郭晓川. 高管团队异质性与技术创新绩效的关系研究——以高管团队行为整合为调节变量 [J]. 科学学与科学技术管理，2010，31（12）：186－191.

264. 游家兴，邹雨菲. 社会资本、多元化战略与公司业绩——基于企业家嵌入性网络的分析视角 [J]. 南开管理评论，2014，17（5）：91－101.

265. 刘志雄，何忠伟，匡远配. 企业文化对公司资本结构影响的实证研究——来自中国上市公司的分析 [J]. 重庆大学学报（社会科学版），2009，15（2）：40－44.

266. 靳来群，李思飞. 家族第二代参与管理与企业业绩下降：来自中国上市公司的经验证据 [J]. 江西社会科学，2015（8）：192－197.

267. 庞元正. 从创新理论到创新实践唯物主义 [J]. 中共中央党校报，2006，10（6）：20－25.

268. 熊彼特. 经济发展理论——对于利润、资本、信贷、利息和经济周期的考察 [M]. 何畏，易家详等译. 北京：商务印书馆，1990：73－74.

269. 孙莹. 基于价值系统视角的破坏性创新理论综述 [J]. 科技管理研究，2016，36（12）：24－29.

270. 李彬，王凤彬，秦宇. 动态能力如何影响组织操作常规？——一项双案例比较研究 [J]. 管理世界，2013（8）：136－153.

271. Emirbayer M., Mische A. What is agency？[J]. American Journal of Sociology，1998，103（4）：962－1023.

272. Feldman M. S. , Pentland B. T. Reconceptualizing organizational routines as a source of flexibility and change [J]. Administrative Science Quarterly, 2003, 48 (1): 94 – 118.

273. 弗雷德·R. 戴维. 战略管理 (第 13 版) [M]. 北京: 中国人民大学出版社, 2017: 218.

274. 何轩, 宋丽红, 朱沆等. 家族为何意欲放手? 制度环境感知、政治地位与中国家族企业主的传承意愿 [J]. 管理世界, 2014 (2): 90 – 101.

275. 郭超. 子承父业还是开拓新机——二代接班者价值观偏离与家族企业转型创业 [J]. 中山大学学报 (社会科学版), 2013, 53 (2): 189 – 198.

276. 李新春, 张鹏翔, 叶文平. 家族企业跨代资源整合与组合创业 [J]. 管理科学学报, 2016, 19 (11): 1 – 17.

277. 杨国枢. 中国人的心理与行为: 本土化研究 [M]. 北京: 中国人民大学出版社, 2004.

278. Burgess E. W. , Locke H. J. , Mary M. Thomas. The Family: From Institution to Companionship [J]. New York: American Book Company, Thirded, 1963: 318 – 319.

279. 李艳双, 王文婷. 欧日长寿家族企业有什么传承秘诀? [EB/OL]. www. sohu. com/a/81855136_380874, 2016 – 06 – 08 05: 32.

280. Nicolaou N. , Shane S. , Cherkas L. , et al. Is the tendency to engage in entrepreneurship genetic? [J]. Management Science, 2008, 54 (1): 167 – 179.

281. Nicolaou N. , Shane S. Entrepreneurship and occupational choice: Genetic and environmental influences [J]. Journal of Economic Behavior & Organization, 2010, 76 (1): 3 – 14.

282. Lindquist M. J. , Sol J. , Van Praag M. Why do entrepreneurial parents have entrepreneurial children? [J]. Journal of Labor Economics, 2015, 33 (2): 269 – 296.

283. Sørensen J. B. Bureaucracy and entrepreneurship: Workplace effects on

entrepreneurial entry ［J］. Administrative Science Quarterly，2007，52（3）：387 – 412.

284. 陈凌，应丽芬. 代际传承：家族企业继任管理和创新 ［J］. 管理世界，2003（6）：89 – 97.

285. 孙大午. 私有、公治、共享——大午集团的"股份制升级版" ［J］. 董事会，2015（11）：52 – 56.

286. Gómez-Mejía L. R.，Haynes K. T.，Núñez-Nickel M.，et al. Socioemotional wealth and business risks in family-controlled firms：Evidence from Spanish olive oil mills ［J］. Administrative Science Quarterly，2007，52（1）：106 – 137.

287. 朱沆，Eric Kushins，周影辉. 社会情感财富抑制了中国家族企业的创新投入吗？［J］. 管理世界，2016，270（3）：99 – 114.

288. 刘志成，吴能全. 中国企业家行为过程研究——来自近代中国企业家的考察 ［J］. 管理世界，2012（6）：109 – 123.

289. Ann Graham. Too Good to Fail ［EB/OL］ www. tatachina. com. cn/article/info – 275. html，2010 – 11 – 09 14：31：36.

290. 程正民. 普罗普的故事结构研究和历史研究 ［J］. 中国政法大学学报，2012（5）：82 – 91.

291. C. W. 莫里斯. 指号、语言和行为 ［M］. 上海：上海人民出版社，2011：63 – 114.

292. 吴向东. 论价值观的形成与选择 ［J］. 哲学研究，2008（5）：22 – 28.

293. 摩根·威策尔，威策尔，阮天悦. 塔塔：一个百年企业的品牌进化 ［M］. 上海：电子工业出版社，2012.

294. 冯邦彦. 百年利丰：跨国集团亚洲再出发 ［M］. 北京：中国人民大学出版社，2011.

295. 崔新建. 文化认同及其根源 ［J］. 北京师范大学学报（社会科学版），2004（4）：102 – 104.

296. 张旭，武春友. 组织文化与公司绩效关系的实证研究 ［J］. 南开管理评论，2006，9（3）：52 - 56.

297. Fombrun C. J. , Gardberg N. Who's tops in corporate reputation？ ［J］. Corporate Reputation Review, 2000, 3（1）：13 - 17.

298. Fombrun C. J. , Rindova V. Reputation management in global 1000 firms：A benchmarking study ［J］. Corporate Reputation Review, 1998, 1（3）：205 - 212.

299. Fombrun C. J. , Gardberg N. A. , Sever J. M. The Reputation Quotient SM：A multi-stakeholder measure of corporate reputation ［J］. Journal of Brand Management, 2000, 7（4）：241 - 255.

300. Schwaiger M. Components and parameters of corporate reputation ［J］. Schmalenbach Business Review, 2004, 56（1）：46 - 71.

301. 毕楠. 基于声誉资本的企业社会责任价值创造机理研究 ［D］. 大连：东北财经大学，2012.

302. Gotsi M. , Wilson A. M. Corporate reputation：seeking a definition ［J］. Corporate Communications：An International Journal, 2001, 6（1）：24 - 30.

303. 哈罗德·孔茨. 管理学：国际化与领导力的视角（精要版第9版）［M］. 北京：中国人民大学出版社，2014.

304. Katz D. The functional approach to the study of attitudes ［J］. Public Opinion Quarterly, 1960, 24（2）：163 - 204.

305. 李建军，刘会强，刘娟. 理性与情感传播：对外传播的新尺度 ［J］. 江西社会科学，2015（5）：240 - 245.

306. 唐海军，何向东. 身体、判断和情境——论情感研究的几个维度 ［J］. 自然辩证法研究，2018 , 34（3）：83 - 88.

307. 何博超. 论亚里士多德对情感的考察 ［J］. 哲学动态，2013（12）：73 - 78.

308. Child J. Organizational structure, environment and performance：The role of strategic choice ［J］. Sociology, 1972, 6（1）：1 - 22.

309. Slevin D. P. , Covin J. G. Strategy formation patterns, performance, and the significance of context ［J］. Journal of Management, 1997, 23（2）：

189 – 209.

310. McDonough III E. F. , Leifer R. Using simultaneous structures to cope with uncertainty [J]. Academy of Management Journal, 1983, 26 (4): 727 – 735.

311. Cohen M. D. , Bacdayan P. Organizational routines are stored as procedural memory: Evidence from a laboratory study [J]. Organization Science, 1994, 5 (4): 554 – 568.

312. Bresman H. Changing routines: A process model of vicarious group learning in pharmaceutical R&D [J]. Academy of Management Journal, 2013, 56 (1): 35 – 61.

313. Edmondson A. C. , Bohmer R. M. , Pisano G. P. Disrupted routines: Team learning and new technology implementation in hospitals [J]. Administrative Science Quarterly, 2001, 46 (4): 685 – 716.

314. Rerup C. , Feldman M. S. Routines as a source of change in organizational schemata: The role of trial-and-error learning [J]. Academy of Management Journal, 2011, 54 (3): 577 – 610.

315. Stolte J. F. , Alan G. , Cook K. S. Sociological miniaturism: Seeing the big through the small in social psychology [J]. Annual Review of Sociology, 2001, 27 (1): 387 – 413.

316. Fligstein, N. Social skill and the theory of fields [J]. Sociological Theory, 2001, 19 (2): 105 – 125.

317. Orlikowski W. J. The duality of technology: Rethinking the concept of technology in organizations [J]. Organization Science, 1992, 3 (3): 398 – 427.

318. Bapuji H. , Hora M. , Saeed A. M. Intentions, intermediaries, and interaction: Examining the emergence of routines [J]. Journal of Management Studies, 2012, 49 (8): 1586 – 1607.

319. Dadderio L. Artifacts at the centre of routines: Performing the material turn in routines theory [J]. Journal of Institutional Economics, 2011, 7 (2):

197 – 230.

320. Cacciatori E. Resolving conflict in problem-solving: Systems of artefacts in the development of new routines [J]. Journal of Management Studies, 2012, 49 (8): 1559 – 1585.

321. Ogbonna E. , Harris L. C. Leadership style, organizational culture and performance: empirical evidence from UK companies [J]. International Journal of Human Resource Management, 2000, 11 (4): 766 – 788.